PRISKA LACHMANN

Immer *besser* scheitern

Warum wir durch Krisen richtig stark werden

GerthMedien

Für Jasmin.

Ruhe in Frieden.

Für alle, die schon mal gescheitert sind.

Also für uns alle.

Inhalt

„Denn was, wenn Deine Segnungen durch Regentropfen kommen? Was, wenn Deine Heilung durch Tränen kommt? Was, wenn Tausende schlaflose Nächte das sind, was es braucht, um zu wissen, dass Du bei uns bist? Was, wenn Prüfungen in diesem Leben deine verborgenen Segnungen sind?“

Laura Story, „Blessings“ (frei übersetzt)

Vorwort

Vor mehr als drei Jahren hatte ich ein einschneidendes Erlebnis, das mich für eine Woche ins Bett zwang. Ich konnte in dieser Woche aufgrund einer starken Gehirnerschütterung weder Musik oder Podcasts hören noch mich mit Social Media oder guten Büchern ablenken. Ich lag eine ganze Woche lang mit geschlossenen Augen im Bett, schlief viel, und wenn ich wach war, dachte ich über mein Leben nach. Als ich meine Augen wieder öffnen konnte, schrieb ich das Exposé für dieses Buch.

Es war Juli 2020. Nach dem ersten Lockdown. Noch gab es die Hoffnung, dass die Coronapandemie nach einigen Monaten zu Ende sein könnte. Es war ein heißer Sommertag und ich verbrachte das Wochenende in Dresden. Dort hatte ich einige berufliche Termine, nahm zum Beispiel einen Radiobeitrag und einen Podcast auf und schrieb an einem biografischen Roman. Am Samstagnachmittag rief mich eine Freundin an und lud mich auf ein Eis ein. Eine willkommene Abwechslung! Wir fuhren gemeinsam mit ihrem Freund zu einer in dieser Gegend sehr bekannten Brücke, die das „Blaue Wunder" genannt wird. Für *Instagram* wollte ich gerne ein Foto machen und bat meine Freundin deshalb, eines zu schießen. Ich hüpfte auf einen

Brückenpfeiler, lächelte angemessen, blinzelte in die Sommersonne und wusste gleichzeitig, dass das Model-Gen an mir vorbeigegangen ist. Ungeschickt und unkoordiniert war ich schon immer und bin ich immer noch.

„Haben wir es?“, fragte ich meine Freundin nach fünf weiteren Fotos, fünfmal lächeln, gekonnt wegschauen und lässig auf dem Brückengeländer sitzen – so, als wäre diese Situation so natürlich, wie im Kino Popcorn zu essen oder im Garten Unkraut zu jäten. Meine Freundin nickte und ich sprang vom Brückengeländer herunter. Allerdings so unkoordiniert und ungeschickt, dass ich – obwohl es nur 20 Zentimeter bis zum Boden waren – umknickte und über meine eigenen Füße stolperte. Ich stolperte gebückt immer weiter, es fühlte sich an wie in Zeitlupe. Ich sah, dass das Brückengeländer auf der anderen Seite immer näher auf mich zukam. Geistesgegenwärtig riss ich mir die Sonnenbrille von der Nase und landete mit dem Kopf punktgenau auf der metallenen Kante des Geländers. Der Moment wirkte für mich länger, als er es in Echtzeit wahrscheinlich war. Im ersten Augenblick dachte ich: „Super, die Brille ist nicht kaputtgegangen.“ Dass ich stattdessen meine Hände dafür hätte benutzen können, um meinen Kopf abzuschirmen, kam mir erst ein paar Minuten später in den Sinn.

Eine Traube Touristen lief an mir vorbei. Zwei Frauen schauten mich an, schlugen erschrocken die Hände vor den Mund und fingen an zu schreien. Ihre Männer starrten mich an und fragten schließlich: „Brauchen Sie Hilfe?“ Ich winkte lässig ab. „Ach was“, sagte ich, „alles okay!“ Aus dem Augenwinkel sah ich meine Freundin hektisch Taschentücher aus ihrer Tasche ziehen. Sie drückte mir ein paar davon direkt auf die Stirn. Zwei Minuten später waren sie von meinem Blut vollgesogen. Sie schaute mich besorgt an und sagte: „Wir fahren lieber mal ins Krankenhaus. Das muss genäht werden!“

Ich habe nun eine Narbe direkt auf meiner Stirn. Sie wird mich immer an diese Brücke erinnern und daran, wie ich stolpernd mit dem Kopf aufschlug. Eigentlich stolpere ich schon mein ganzes Leben lang vor mich hin. Unzählige Arm- und Zehenbrüche, Wunden und Narben waren das Ergebnis. Aber auch mein Herz, meine Seele und meine Biografie zeigen mein Stolpern mehr als deutlich.

Wir neigen dazu, immer über unsere Erfolge zu sprechen. Wir teilen auf Social Media unsere Hochzeiten, Schwangerschaften und Urlaube. Aber nur die wenigsten trauen sich, über die Schattenseiten des Lebens zu sprechen: Krankheit, Scheidung, Verletzung, Zweifel, Insolvenz und wie diese Schreckgespenster alle heißen. Doch wenn wir nicht wirklich ehrlich sind, wenn wir den Teppich nicht ab und zu mal heben, unter den wir gern all diese unsagbaren Dinge kehren, dann können wir auch keine echten, ehrlichen Beziehungen leben. Durch geteiltes Scheitern lernen wir. Durch Misserfolge anderer können wir lernen, es selbst besser zu machen.

Ich scheitere immer noch. Täglich. Das ist keine Überraschung, denn ich weiß: Auch du scheiterst täglich. Wir reden nur viel zu selten darüber. Aus Scham. Um den Schein zu wahren. Oder vielleicht auch, um uns nicht noch schlechter zu fühlen. Es könnte aber auch sein, dass du noch ganz andere Gründe aufzählen kannst.

So oder so finde ich: Wir sollten viel mehr über unsere Versagensgeschichten sprechen. Wenn wir mutig genug sind, uns zu zeigen, wie wir wirklich sind – auch mit unseren Schattenseiten –, können wir auch andere dazu ermutigen, ebenfalls authentischer zu leben. Die Welt würde von einem Ort voller scheinbar perfekter Lebensentwürfe mit erfolgreichen Berufen, angeblich ausgezeichneten Finanzsituationen und den schönsten Familienurlauben zu einem Ort werden, der weniger Druck, weniger Perfektion und weniger Show ist, sondern herrlich echt.

In Wahrheit sehnen wir uns doch alle nach Echtheit, um uns selbst weniger schlecht fühlen zu müssen, wenn wir mal wieder prokrastinieren, unsere charakterlichen Stolpersteine immer noch nicht aus dem Weg geräumt haben oder innere Wunden aus unserer Kindheit uns noch heute zum Stolpern bringen. Was auch immer es sein mag, das dich dazu gebracht hat, dieses Buch in die Hand zu nehmen, eines steht fest: Wir sitzen alle im selben Boot.

Ich schreibe diese Zeilen, um Mut zu machen. Denn ich kenne einen Gott, der nicht nur zweite Chancen schenkt, sondern noch viele mehr. Wir können gar nicht so viel scheitern, dass er uns nicht mehr auffangen würde. Wir können versagen, falsche Entscheidungen treffen und bewusst falsche Wege einschlagen, aber wir haben immer noch einen liebenden, gnädigen Gott, mit dem wir jederzeit sprechen können. Den wir anschreien können. Vor dem wir schweigen können. Selbst wenn wir ihn nicht mehr in unserem Leben wollen, ist er trotzdem noch da. Selbst wenn wir ihn anklagen, versteht er uns und hört nicht auf, uns zu lieben.

Wir versagen und scheitern alle. Jede und jeder Einzelne von uns. Manche höchstens offensichtlicher als andere. Manche nach subjektivem Empfinden tragischer als andere. Und manche auch privilegierter als der Rest der Weltbevölkerung. Aber die Scham darüber, der Schmerz und das manchmal unvermeidbare Loslassen von Träumen verbindet uns alle.

Ich schreibe dieses Buch für dich und hoffe, dass du dich am Ende weniger allein fühlst – und dass du weißt, wie du mit Misserfolg umgehen kannst, was Scham mit Mut zu tun hat, was du von deinem Scheitern lernen kannst und wieso ich glaube, dass Gott Imperfektion liebt.

Dieses Buch entstand in Ergänzung zu meinem Podcast „Immer besser Scheitern"*, der bei ERF Jess erschienen ist.

---

* QR-Code zum Podcast am Ende des Buches

**Gott geht es nicht darum,
dass wir perfekte Menschen sind,
sondern er will unsere Authentizität,
unsere Echtheit. Nur wenn
wir ehrlich zu uns selbst sind,
können positive Veränderung und
Heilung geschehen.**

Scheitern, Versagen und Krisen

Aufgrund der Lesbarkeit habe ich mich entschieden, die Begriffe Scheitern, Versagen und Krise mitunter gleichwertig zu verwenden. Aber da es einen Unterschied zwischen diesen Begriffen gibt, ist es mir wichtig, vorab eine Erklärung von ihnen zu geben, bevor wir tiefer in das Thema einsteigen. Dies sind meine Verständnisse der einzelnen Begriffe, aber es gibt durchaus verschiedene Möglichkeiten, diese Worte zu verstehen.

Krisen sind sehr vielfältig und können jeden treffen. Wie bedrohlich und dramatisch sie wahrgenommen werden, ist individuell unterschiedlich. Für manche bricht eine Welt zusammen, wenn beispielsweise eine Beziehung in die Brüche geht, andere sehen darin eine Chance für eine bessere Zukunft. Existenzielle Krisen wie der Tod eines geliebten Menschen treffen jedoch jeden hart.

Krisen führen häufig zu Selbstzweifeln und Ängsten und können die Welt der Betroffenen komplett auf den Kopf stellen. Bisher gültige Lebensnormen und Ziele zählen nicht mehr, und das „schwarze Loch“ im eigenen Leben scheint riesig. Aber es gibt Möglichkeiten, um krisenfest – resilient – und stark zu werden.

Ich würde sagen, dass ich in Krisen und durch Versagen

und Scheitern in meinem Leben Lektionen gelernt habe, die ich sonst nie begriffen hätte.

Beim Versagen erleben wir, dass etwas nicht lief wie geplant; dass es anders ist, als man es sich vorgestellt hat.

Menschen, die ihre Vorhaben nicht verwirklichen können, nennt man Versager. Dabei macht man sich viel zu wenig bewusst, wie viele Dinge in ihrem Leben dennoch schon gelungen sind. Ist man dann trotzdem gleich ein kompletter „Versager" oder nur jemand, bei dem mal etwas schieflief?

Das Gefühl, versagt zu haben, kann niederschmetternd sein. Wer dieses Gefühl erleben muss, ist eingeladen, Geborgenheit bei Gott zu suchen und damit denjenigen aufzusuchen, der immer Ja zu einem sagt.

Scheitern impliziert, dass da etwas gewesen ist, an das der Mensch geglaubt hat. Eine Vision, eine Absicht, eine Hoffnung, ein Projekt. Es trifft den Menschen genauso hart wie Versagen, weil es ihn mit einer Verlusterfahrung konfrontiert, und bezieht sich auf etwas Endgültiges. Scheitern ist die Schattenseite des Wunschdenkens, dass alles machbar ist.

Scheitern wohnt unserem menschlichen Leben inne. Interessant ist jedoch, dass die alten Philosophen dieses Thema überhaupt nicht wirklich ansprechen. Es gibt kein größeres philosophisches Werk über das Versagen. Dabei steht Scheitern in einem besonderen Bezug zum menschlichen Leben. Gerade durch unser Scheitern manifestiert sich unsere menschliche Natur. Wir sind weder intuitive Lebewesen noch programmierte Maschinen, weil wir frei sind, uns zu irren, zu korrigieren und weiterzuentwickeln.

„Scheitern ist die Grundlage von persönlichen Reifungs- und Entwicklungsprozessen", schreibt der Autor Mirko Zwack. „Es ermöglicht uns, die zu werden, die wir sind."[1]

**„Here is the world.
Beautiful and terrible things
will happen. Don't be afraid."**

Frederick Buechner[2]

Scheitern und Schule

Bisher war ich immer davon ausgegangen, dass meine Schulzeit eine leichte Sache für mich war. Ich habe nur so viel getan, wie ich unbedingt musste, war die meiste Zeit nicht sehr interessiert am Lernstoff gewesen und kam trotzdem gut durch.

Erst jetzt, viele Jahre später, weiß ich, was für ein Privileg es ist, lernen zu dürfen, und wie schön es ist, sich auch mit Dingen beschäftigen zu müssen, die einen überhaupt nicht begeistern. Auch das weitet den eigenen Horizont. Für mich waren das alle naturwissenschaftlichen Fächer. Ich habe mich durch extra Fleißaufgaben immer auf eine Note Drei gerettet und war damit zufrieden.

In meinem Abitur belegte ich Religion und Deutsch im Leistungskurs und liebte es. Ich schrieb in beiden Fächern ein sehr gutes Abi. In Mathe sah es überhaupt nicht gut aus, aber wundersamerweise kam ich in der mündlichen Prüfung gut durch, obwohl ich vor Aufregung nicht mal mehr das Einmaleins beherrschte. Ich kann es mir selbst nicht erklären.

Doch ich erinnere mich auch an zwei Erlebnisse, nach denen ich mich dumm und unfähig fühlte. In der achten Klasse schrieben wir bei einer sehr strengen Mathelehrerin einen Test, in dem ich eine Sechs bekam. Die erste in meinem Leben! Ich hatte Glück: Auch alle anderen waren schlecht gewesen, der Test musste wiederholt werden. Sie wollte es uns leicht machen, so schrieben wir den gleichen Test noch mal. Und ich schrieb wieder eine Sechs. Als die Lehrerin mir den Test reichte, fragte sie: „Priska, was ist los mit dir?“ Beschämt versteckte ich den Test in meinem Schulranzen.

In der zehnten Klasse hatten wir Astronomie. Als Hausaufgabe sollten wir beobachten, wie der Mond wanderte, und dazu einen Aufsatz schreiben. Meine Schulfreundin wohnte bei mir um die Ecke und wir versuchten an dem Abend, den Mond zu entdecken. Doch es war bewölkt. Sie fand im Lehrbuch zwei Seiten, die sich mit dem Mond beschäftigten, und entschied sich, diese Seiten abzuschreiben und dem Lehrer zu erklären, dass dies ihre Lösung war, um sich trotzdem mit dem Thema beschäftigt zu haben. Sie gab mir ihre Abschrift und ich schrieb genau das Gleiche. Wir gaben die Aufgabe ab, und ich bekam eine Fünf und die Aufforderung, nach der Stunde zum Lehrerpult zu kommen. Dort erklärten meine Freundin und ich ihm, dass diese Lehrbuch-Abschrift dadurch zustande kam, dass wir nur fünf Häuser entfernt voneinander wohnten. Er blieb bei seiner Entscheidung, meinte, ich hätte abgeschrieben, und schlug mir vor, dafür einen Vortrag über die Sonne zu halten. Ich schämte mich schrecklich dafür, dass er den Eindruck hatte, ich könnte geschummelt haben. Und dann noch zu Unrecht! Den Vortrag bereitete ich vor und verstand dabei kein Wort. Als ich ihn halten sollte, hatte ich meine Periode und so starke Bauchschmerzen, dass ich mich am Lehrertisch festhalten musste. Ich ratterte den Vortrag herunter, ohne zu verstehen, was ich da erzählte. Ich blickte in gelangweilte Gesichter und bekam eine Eins. An diesem Tag sank mein Glaube an erwachsene Menschen und deren Urteilsvermögen.

In der elften Klasse wurde ich in einen Mathekurs gesetzt, in dem ich nicht viele kannte. Neben mir war ein Platz frei und eine neue Schülerin setzte sich zu mir. Ihr Name war Laura und sie war das coolste Mädchen, das ich je gesehen hatte. Dreadlocks, extravagantes Make-up, Kunst-Leistungskurs. Sie war hochintelligent, in jedem Fach überragend und fleißig, ohne dabei überheblich zu sein. Sie war authentisch, freundlich, humorvoll und warmherzig. Ich mochte sie sofort. Laura war im Gegensatz zu mir in Mathe sehr gut. Wenn wir Klausuren zurückbekamen, hatte Laura 14 Punkte und ich vier. Ich war allerdings frei von Neid oder Missgunst und freute mich ehrlichen Herzens für sie. Meine vier Punkte waren nicht so wichtig, ich hatte andere Interessen und Fähigkeiten, und nicht jeder kann so herausragend vielbegabt sein. Die Schule blieb in meiner Erinnerung und in meinem Empfinden trotzdem eine schöne, leichte Zeit. Aber andere Menschen sehen das in unserer Leistungsgesellschaft mitunter anders, wie ich feststellen musste.

Denn knapp 20 Jahre später sitze ich an einem Freitagabend mit meiner großen Tochter in einem Konzert und feuere Laura an, die ihre neuen Songs vorstellt. Laura hat ihre Leidenschaft zum Beruf gemacht und ist unter dem Namen „Laura Liebeskind“ Sängerin geworden. Ich betreue ihren Merchandise-Stand. Laura sagt von der Bühne: „Priska werdet ihr nachher am Merch-Stand treffen. Wisst ihr, wann ich wusste, dass Priska eine wirklich tolle Freundin ist? Als ich in Mathe 14 Punkte hatte und sie nur vier – und sie sich für mich gefreut hat!“ Ich werde rot. Zum Glück sieht man das im Dunkeln nicht.

Am Merchandise-Stand werde ich von einigen auf meine vier Punkte angesprochen. „Ich glaube nicht, dass es gut ist, vor den Kindern über Schwächen zu sprechen“, meint eine fremde Frau. „Wieso?“, frage ich. „Sie werden es einem irgendwann vorhalten. Sie sagen dann: ‚Du warst auch nicht gut, da muss ich mich nicht anstrengen.‘“ Ich bin irritiert: „Und wieso sagst du dann nicht, dass es für dich nicht gut war, schlecht zu sein, und du dir wünschst, du hättest dich mehr angestrengt? Oder warum sagst du nicht: Ich sehe, dass du mehr könntest, wenn du dich mehr anstrengen würdest? Oder warum spielt es überhaupt eine Rolle – müssen wir denn überall gut sein? Ich habe Mathe in der Form nie wieder gebraucht in meinem Leben!“ Die fremde Frau zuckt mit den Schultern. Andere mischen sich ein. Eine erzählt mir, sie sei auch nie gut gewesen in Mathe. Jeder hat eine Meinung und ich werde nachdenklich. Werden meine vier Punkte von der Gesellschaft so anders gewichtet, als ich es selbst tue? Findet sie, ich hätte versagt? Und was, wenn dem so ist?

Im Endeffekt können wir nicht kontrollieren, was andere Menschen über uns denken, wir können nur kontrollieren, was wir selbst über uns denken, wie wir selbst handeln und ob wir mit uns zufrieden sind.

Wenn wir eine richtig traumatische Schulzeit hatten oder sitzen geblieben sind, den Abschluss nicht geschafft haben oder gemobbt wurden, dann ist das eine Identität, die einen bis ins Erwachsenenalter verfolgen kann. Schule ist identitätsstiftend. Aber in Wahrheit dürfen wir unsere Identität bei uns selbst und bei Gott suchen. Und in Wahrheit muss Schule überhaupt nichts darüber aussagen, wie schlau oder dumm wir sind, wie begabt oder wie beliebt. Egal, wie sehr ich mich über das Schulsystem aufrege, wie sehr ich mir eine Chancengleichheit wünsche, eine Reform des Bildungssystems, so weiß ich auch, dass es sehr wichtig ist, diesem Ort nicht die Macht über die komplette kindheitliche Erfahrungswelt zu geben.

Ich habe eine sehr enge Freundin seit dem Kindergarten. Judith kommt aus einer Künstlerfamilie, hat ein Herz aus Gold und ist sehr intelligent. In der Grundschule fiel mir auf, wie wunderschön sie zeichnen konnte. Manchmal schummelten wir im Kunstunterricht, und sie malte ein Bild für mich mit, was ich dann abgab und eine Eins bekam. Die Gabe des Zeichnens ist an mir vorübergegangen. Ich lernte von ihr, wie man Sterne malt, und bis heute zeichne ich sie so, wie sie es mir in der zweiten Klasse gezeigt hat. Später spielten wir Schwedenquartett, zu Hause Brettspiele, schwärmten für die Backstreet Boys und bekamen Kakao und Obstplatten von ihrer Mutter. Judith war unglaublich kreativ und konnte sich die schönsten Geschichten ausdenken und schreiben. Es verblüffte mich nicht, dass sie später Germanistik studierte. Doch schon nach zwei Semestern brach sie ab und studierte Pharmazie.

Ich konnte es nicht verstehen. Wie konnte sie nur ihre Gaben nicht leben wollen? Judith war in der Schule ebenso schlecht gewesen in Naturwissenschaften wie ich. Und doch zog sie das Studium durch. Sie war gut und wurde Apothekerin. Ich habe heute noch Hochachtung vor ihr, denn sie ist Apothekerin aus Leidenschaft. Sie ist ein schönes Beispiel dafür, dass Schule uns ein großes Allgemeinwissen vermittelt, uns Bildung schenkt, aber nicht unsere ganze Identität bestimmen muss.

„Was bedeutet Scheitern eigentlich? Ich denke, es bedeutet im Grunde genommen nur, dass wir unser Leben in vollen Zügen leben. Wir machen Erfahrungen auf verschiedenen Ebenen, anstatt uns nur mit der Eintönigkeit eines einzigen, gleichbleibenden Gefühls zu begnügen.

Wir leben in Farbe,
nicht in Schwarz-Weiß.
Wir hören niemals auf zu lernen.
Und bei allen Herausforderungen,
die uns noch begegnen werden,
kann ich immer nur denken:
Es ist wirklich ein unglaubliches
Abenteuer.“

Elizabeth Day[3]

Scheitern und Familie

Unsere Kinder sind oft schon mittags zu Hause. Sie sind gern hier und spielen zusammen, während wir noch im Homeoffice weiterarbeiten. Es ist ein gemütliches Arrangement, das wir als Familie leben. Die Kinder sind leise, nehmen Rücksicht und können dafür nach Hause kommen, etwas Warmes essen und es sich gemütlich machen. Da sie immer viele Hobbys haben, ist diese Regelung von Vorteil.

An einem frühen Nachmittag, während ich an einem Buch schreibe, sind unsere zwei Jüngsten draußen. Sie fahren Fahrrad in unserer kleinen Siedlung. Es beginnt zu nieseln. Ich schaue aus dem Fenster und gehe davon aus, dass sie nach Hause fahren. In der nächsten Sekunde beginnt es zu schütten. Ein Sturzbach entlädt sich aus dem Himmel. Selten gibt es so extrem starke Regenfälle. Ich höre bei offenem Fenster unsere jüngste Tochter schreien und unsere ältere rufen, sie solle kommen.

Doch auch nach einer Minute ist niemand da. Ich schnappe mir meine Regenjacke, renne nach draußen und bin nach 20 Sekunden durchnässt. Ich schaue im Garten, ob sie sich untergestellt haben, rufe auf der Straße, aber es ist niemand da. Ich renne aus dem Garten und sehe meine

Kinder langsam, das Fahrrad schiebend, auf dem Gehweg heimlaufen. Die Jüngste weint.

Ich schicke sie rein, schiebe die Fahrräder in den Vorgarten und renne ins Haus. Ich ziehe ihnen die nassen Sachen aus, koche Tee und habe zum Glück, wie eine Übermutter, zufälligerweise frische, warme Waffeln da. Sie erzählen, dass sie vom Regenguss überrascht wurden, das Fahrrad der Jüngsten umkippte und sie Angst bekamen vor dem Gewitter. Nur mit viel gutem Zureden und Ansporn hatte die große Schwester geschafft, dass die jüngere weiterlief. Ins rettende Zuhause.

Ich mache mir Vorwürfe, dass ich nicht sofort nach ihnen geschaut hatte. Ich frage mich, was wohl die Nachbarn gedacht haben mögen, dass unsere kleinen Kinder pitschnass Fahrräder durch die Siedlung schoben und dabei weinten. Ich schäme mich vor meinen Kindern und fühle mich schlecht. Und dann stelle ich Waffeln vor meine trockenen Kinder. Mit Kirschen und Puderzucker. Sie sind eingekuschelt in warmen Socken und warmen Pullovern. Ein Gefühl macht sich in mir breit, das ich nur aus meiner eigenen Kindheit kenne: Geborgenheit.

Mit nassen Sachen in das warme Heim kommen. Mit Tee eingekuschelt auf dem Sofa sitzen. Erst, wenn man so durchnässt war, wurde das trockene Heim so gemütlich. Nur wenn es draußen eiskalt war, schmeckte die heiße Schokolade so unglaublich gut.

Sofern wir Eltern sind, haben wir sicher alle schon im Kleinen erlebt, dass wir als Eltern einmal scheitern, es nicht perfekt machen und an unseren eigenen Ansprüchen versagen. Vielleicht mussten wir aber auch schon erleben, dass wir scheinbar doch auch im Größeren gescheitert sind. Unsere Kinder machen uns Vorwürfe, sind auf die schiefe Bahn geraten oder haben sehr schlechte Entscheidungen getroffen. Vielleicht haben wir auch selbst erlebt, dass uns unsere Eltern nicht nur im Kleinen, sondern auch im Großen, bewusst oder unbewusst, willentlich oder nicht, sehr verletzt haben.

Für mich hat es lange gedauert, bis ich aufhören konnte, mich mit anderen zu vergleichen. Scheinbar waren alle anderen bessere Mütter! Dabei bin ich ja die beste Mutter, die meine Kinder bekommen können, denn ich bin die einzige. Und ich überschütte sie mit Liebe, wie ich nur kann. Ich bin eine entspannte Mutter, die auf Augenhöhe und bindungsnah erzieht. Es hat lange gedauert, bis ich mich gefunden hatte.

Es ist Samstag, zehn Uhr morgens. Die Sonne blinzelt durch die halb geschlossenen Jalousien. Ich drehe mich in unserem riesigen Familienbett um und sehe, dass mein Mann mit halb geöffnetem Mund tief und fest schläft. Die Mitte zwischen uns ist leer. Die Kinder sind also schon wach. Ich lächle und ziehe die Bettdecke noch einmal genüsslich unters Kinn.

In diesem Moment knallt ein Stockwerk weiter unten der Gefrierschrank zu. Dieses Geräusch ist unverkennbar. Dann wird das große, schwere Schubfach mit den Tellern geöffnet, die dabei leise klirren. Ich höre, wie ein billiger Plastikteller entnommen wird. Darauf folgt das Knistern von geöffnetem Plastikpapier, und direkt danach wird das Fach mit den Mülleimern geöffnet und wieder zugeknallt.

„Kannst wieder anmachen!“, ruft unsere Jüngste höchstwahrscheinlich einer ihrer größeren Schwestern zu. Kurz darauf höre ich, wie der weise Meister Wu bei Lego Ninjago zu seinen Schützlingen spricht. Mein Mann macht kurz die Augen auf. „Wie spät ist es denn?“, murmelt er. „Zehn Uhr“, antworte ich. „Die Kinder frühstücken scheinbar Eis. Mal sehen, wie viel Hunger sie nachher noch haben werden.“ „Na ja, Obst essen sie ja zumindest immer“, grinst er verschlafen und hebt seine Decke hoch. Ich überquere die leere Mitte unseres riesigen, fast drei Meter breiten Familienbetts und kuschele mich in seine Arme. Warm ist es. Ruhig. Ich schließe noch einmal kurz meine Augen. Es ist Samstag und einer der schönsten Momente der Woche.

Ein schlechtes Gewissen in solchen Momenten? Das habe ich, ja. Aber nur kurz, denn ich weiß, dass es unseren Kindern gut geht und unsere Tür offen steht. Wir hören, wenn sie uns brauchen sollten. Sie werden sich, wenn sie erwachsen sind, immer daran erinnern, wie sie samstagmorgens zusammen Netflix geschaut haben und dabei die Süßigkeitenschublade plündern konnten. Es ist ihr gemeinsames Geschwister-Ritual.

Was also, wenn unser Nichtstun sogar gut für unsere Kinder ist? Und nicht nur für sie, sondern sogar für uns als Paar und als Einzelpersonen? Der Raum für Eigeninitiative, für Langeweile und neue Kreativität schenkt mir Wochenenden, an denen ich Bücher lese, Musik höre oder einfach einmal spazieren gehe.

Fakt ist: Wir werden es nicht perfekt machen können. Fakt ist aber auch: Wir wollen es so gut wie möglich machen und sind dabei hin- und hergerissen zwischen all den Vorstellungen der Gesellschaft, die an uns gestellt werden. Ein guter Job für die Rente, um der drohenden Altersarmut entgegenzuwirken, und das Ideal einer Mutter, die immer ausgeglichen ist, sich um die Familie kümmert und dabei eine liebevolle Ehe führt mit einem Mann, der Gleichberechtigung lebt.

Pflichtbewusstsein und das Streben nach Perfektion belasten Eltern heute so sehr, dass sie an die Grenzen ihrer Leistungsfähigkeit geraten. Vielleicht sind es auch Schuldgefühle, die wir von außen eingetrichtert bekommen, wie wir zu sein haben. Wie unsere Kinder zu sein haben, damit sie in Zukunft nicht versagen. Aber gute Eltern sind vor allem authentisch und liebevoll. Sie nehmen die Bedürfnisse ihrer Kinder ernst, geben Raum für Entwicklung und persönliche Förderung, helfen, trösten und unterstützen ihr Kind. Sie suchen gemeinsame Zeit, zeigen ihren Kindern, was sie selbst begeistert, und sind ihnen ein Vorbild darin, wie man dieses Leben meistern kann. Auch wenn man in diesem dunkle Täler durchschreitet oder scheitert.

„Die Kindheit ist nicht die Zeitspanne im Leben unserer Kinder, in denen wir sie möglichst „optimieren“ müssen, damit sie später die besten Jobs bekommen. Die Kindheit ist die wichtigste Lebenszeit, die genossen werden sollte – von den Kindern genauso wie von den Eltern“[4], so schrieb ich vor drei Jahren in meinem Buch „Mama. Frau. Königstochter“. Wir sind eingeladen, die kleine Stimme in unserem Kopf, die uns sagt, dass wir immer wieder versagen als Eltern, mit einem wissenden Lächeln auf den Lippen zu überhören. Wenn wir unsere Kinder lieben, machen wir alles richtig. Das Leben ist eine Achterbahn, aber wir dürfen uns im Bewusstsein zurücklehnen, dass wir unser Bestes geben und unsere Kinder nicht tiefer fallen als in Gottes Hand.

Wir machen alle Fehler. Alle. Auch als Eltern. Wir können nur eines tun: um Vergebung bitten, wenn wir etwas falsch gemacht haben, wenn wir unseren eigenen Ansprüchen nicht genügt haben und unseren Kindern wehgetan haben mit unserem Verhalten. Wir können an uns arbeiten, unsere eigenen Wunden heilen, den Schmerz unserer eigenen Kindheit zulassen und beweinen, um selbst bessere Eltern zu sein. Aber wir müssen nicht perfekt sein, wir dürfen echt sein. Eltern werden nicht geboren, sie werden geformt. Es braucht Zeit, Jahre, ein Herantasten und ein Selbstheilen, bis wir an den Punkt kommen, an dem wir die Beziehung zu unseren Kindern haben, die wir uns immer gewünscht haben. Manchmal dauert es sogar richtig lange, aber: Es ist nie zu spät.

„Es gibt immer eine Geschichte hinter Erfolg, nämlich die Geschichte des Misserfolgs.“

Tijen Onaran[5]

Scheitern und Erfolg

Wenn es um große Erfinder und bedeutende Persönlichkeiten geht, die mehrmals gescheitert sind, ist immer wieder die Rede von Steve Jobs, Thomas Edison, J. K. Rowling oder beispielsweise auch Winston Churchill. All diese Menschen haben gerade aufgrund ihrer Fehlschläge, Missgeschicke und ihres Scheiterns letztlich so große Erfolge erzielt.

J. K. Rowling ist die Erfolgsautorin von Harry Potter, doch ihre Karriere startete holprig. Sie lebte lange Zeit als alleinerziehende Mutter von Sozialhilfe. In dieser Zeit verfasste sie das erste Manuskript von Harry Potter und schickte es an etliche Verlage, die es aber alle ablehnten. Es dauerte viele Jahre, bis sich ein Verlag der mittlerweile weltbekannten Geschichte annahm.

Steve Jobs ist der Gründer von Apple. Die Firmengeschichte lief gar nicht so geradlinig, wie man vermuten würde. Er war schon in den 80er-Jahren ein Visionär gewesen, doch ihm wurde im Jahr 1985 vom Verwaltungsrat von Apple gekündigt. Erst Ende der 90er-Jahre kam er wieder an Bord.

Thomas Edison ist der Erfinder der Glühbirne. Doch tatsächlich musste er circa 9000 Versuche unternehmen, um sie zu entwickeln. Edison verstand sein Suchen und Entwickeln nicht als Scheitern. Er prägte den bekannten Satz: „Ich bin nicht gescheitert – ich habe 10.000 Wege entdeckt, die nicht funktioniert haben. "

Sir Winston Churchill wurde 1908 zum ersten Mal in die britische Regierung berufen. Mehrmals wurde er aber auch wieder abberufen, war zwischen 1929 und 1939 sogar ohne politisches Amt. 1940 war er Premierminister, musste das Amt aber 1945 wieder abgeben. 1951 war er dann erneut Premierminister, musste vier Jahre später sein Amt nach einem Schlaganfall jedoch abermals abgeben. Erfolg war für ihn nichts Endgültiges, auch Misserfolge nahm er nicht persönlich. Für ihn zählte der Mut, immer wieder weiterzumachen. Eine weitere Geschichte möchte ich hier beispielhaft erzählen, da sie mich sehr amüsiert hat und nicht so bekannt ist. Es ist die Geschichte davon, wie das Eis am Stiel durch ein ursprüngliches Missgeschick erfunden wurde: Frank Epperson war elf Jahre alt, als er im Jahr 1905 ein Glas Limonade mitsamt Löffel auf der Veranda vergaß. Am nächsten Morgen entdeckte er, dass er sie nicht mehr trinken konnte, da sie mitsamt Löffel eingefroren war. Frank zog am Löffel und hielt Limonadeneis in seiner Hand. Er hielt den Löffel fest, wunderte sich und leckte vorsichtig am Eis. Im Jahr 1923 erinnerte sich der nunmehr erwachsene Frank mit 29 Jahren an dieses Erlebnis. Inzwischen war er Limonadenhersteller geworden und meldete seine Eis-Erfindung unter dem Namen „Eppsicle Ice Popp" an. Sein „Eis am Stiel" wurde ein weltweiter Erfolg.

Spektakuläre Erfolge resultieren in der Geschichte oftmals aus Fehlschlägen. Ohne Missgeschicke und Scheitern gäbe es viele Erfindungen gar nicht, was bedeutet, dass aus Enttäuschungen und der Konfrontation damit etwas Großes entstehen kann. Das Scheitern wohnt unserem Leben inne, doch wir leben in einer Gesellschaft, die Erfolg priorisiert.

Gegen Ende des 20. Jahrhunderts setzte eine neue Bewegung ein, die nach der Postmoderne „Zweite Moderne" genannt wird. Mit ihr kam zunehmend eine neue Betrachtungsweise von Erfolg und Misserfolg in unser Denken. Erfolg wurde nicht mehr nur materiell gemessen, sondern in größeren Sinnzusammenhängen gesehen. Fehler wurden nicht mehr vertuscht, sondern man tolerierte sie und erwirkte dadurch eine größere Transparenz. Man sah sie als Potenzial für Verbesserung, als Lernanreiz. Heute suchen wir kollektiv eine neue Einstellung zu Fehlern, Scheitern und Misserfolg. Wir beginnen, Scheitern als Chance zu betrachten. Dennoch, und das meine ich nicht negativ, sehnen wir uns als Menschen immer noch in erster Linie nach Erfolg. Das Streben nach einem Ziel und einem guten Leben macht uns als Menschen auch aus.

Wenn wir uns etwas vorgenommen haben und dann das Ziel erreichen, erhalten wir Bestätigung. Die Selbstannahme ist die Folge des Erfolgs. Wenn wir nun aber den eigenen Selbstwert nur in der unmittelbaren Bestätigung durch das Erreichte erfahren, wird es existenziell, wenn wir das Ziel einmal nicht erreichen. Dann brechen sich Versagensängste und Selbstzweifel Bahn. Dabei ist es vor allem der Misserfolg, der zum Verändern anregt und der eine Chance sein kann, das Leben neu auszurichten. Manche Male hat man sich etwas einfach anders vorgestellt und nie ist das ganze Leben ein einziger Misserfolg. Es ist kostbar, wenn man es schafft, das eigene Leben nicht mehr in Schwarz-Weiß und Erfolg und Misserfolg einzuteilen, sondern es in jeglicher Fülle und Schönheit zu sehen und leben. Auch deshalb, weil – wie bereits erwähnt – aus vielen Misserfolgen in der Geschichte der Menschheit die größten Erfolge entstanden sind.

Manche Menschen wagen nichts im Leben, aus Angst zu versagen. Der Mensch weiß zwar, dass er aus Fehlern klug wird, aber wirklich scheitern möchte trotzdem niemand. Es wäre so schön, wenn man sich seine Träume erfüllen könnte, aber was, wenn es einfach nicht funktioniert?

In unserer Leistungsgesellschaft werden Menschen, obwohl wir toleranter geworden sind, immer noch an ihren Erfolgen gemessen und für Niederlagen verurteilt. Wir scheuen das Risiko des Scheiterns immer noch. Niemand möchte es erleben, und die Menschen neigen dazu, lieber kein Risiko einzugehen, wenn die Möglichkeit besteht, dass man scheitern könnte. Die Kultur, in der wir leben, hat einen Einfluss darauf, wie wir auf Fehler reagieren und mit ihnen umgehen, wenn sie geschehen. Der Wirtschaftspsychologe Michael Frese von der Leuphana Universität in Lüneburg bestätigt, dass in Deutschland mit Misserfolgen unnachsichtig umgegangen wird. Er hat auch analysiert, welche Faktoren den Umgang mit Fehlern beeinflussen: Kulturen, die klare Normen haben, vermeiden besonders gern Fehler. Kulturen, die die Gemeinschaft höher achten als das Individuum und die altruistisch sind, managen Fehler besonders gut. Schuldzuweisungen sind in diesen Kulturen seltener, genauso wie Ängste vor Konsequenzen.[6]

Niemand möchte gern auf die Nase fallen, sich eingestehen, falsche Entscheidungen getroffen oder gar ein ganzes Projekt in den Sand gesetzt zu haben. Ein Ziel zu verfehlen ist schmerzhaft. Doch damit wir an Niederlagen wachsen, müssen wir lernen, mit Misserfolgen souveräner umzugehen und uns selbst wertzuschätzen. Mit unseren Schwächen.

Scheitern und Beziehungen

Ich stand sonntags in einer kleinen Gemeinde inmitten von Sachsen während einer Jugendveranstaltung auf der Bühne und predigte darüber, dass wir keine Versager, nicht unfähig, dumm und zu nichts zu gebrauchen sind, sondern Kostbare, Geliebte und Begabte. Gott gibt uns diese neuen Namen, das war meine Botschaft. Genauso wie Jakob in der Bibel auf seiner Heimreise zu Esau mit einem Mann gekämpft und danach den Namen Israel geschenkt bekommen hatte. Jakob hatte seinen Bruder um das Erstgeburtsrecht betrogen und daher Angst, ihm zu begegnen. Er betete zu Gott um Hilfe und sandte Geschenke voraus, um seinen Bruder zu besänftigen. Mit seinem ganzen Hausstand zog er ihm entgegen, teilte ihn jedoch in zwei Gruppen, sodass einer von beiden entkommen könnte, sollte dem anderen durch einen Angriff Esaus etwas zustoßen.

Als Jakob allein war, rang Gott mit ihm. Jakobs Hüfte wurde verletzt, er begann zu hinken und klammerte sich an den fremden Mann. Der weitere Verlauf der Geschichte wird wie folgt überliefert:

„Dann bat er [der fremde Mann]: ‚Lass mich los, der Morgen dämmert schon!' Aber Jakob erwiderte: ‚Ich lasse dich nicht eher los, bis du mich gesegnet hast!' ‚Wie heißt du?', fragte der Mann. Als Jakob seinen Namen nannte, sagte der Mann: ‚Von jetzt an sollst du nicht mehr Jakob heißen. Du hast schon mit Gott und mit Menschen gekämpft und immer gesiegt. Darum heißt du von jetzt an Israel (‚Gotteskämpfer').'"

(1. Mose 32,27-29)*

Jakobs Schuld, sein Betrug, wurde hinweggespült, als sein Bruder ihm kurze Zeit später vergab. Jakob trug nun einen neuen Namen. Auch unser Scheitern, unser Versagen, soll nicht unser ganzes Leben bestimmen. Mit Gott an unserer Seite und dem Geschenk seiner Vergebung können wir erleben, wie dieses in etwas Neues umgewandelt wird, und müssen unsere Identität nicht dadurch bestimmen lassen.

Ich ließ die Zuhörer in der Gemeinde ihre alten und neuen Namen auf Papier schreiben, um zu verdeutlichen, dass ihre Identität – ihre alten Sätze über ihrem Leben – nicht über ihnen festgeschrieben war. Ich wusste zu dem Zeitpunkt nicht, dass diese Predigt meine letzte sein würde

---

* Als theologische Ergänzung: Jakobs neuer Name „Israel" impliziert, dass Jakob mit Gott gekämpft hatte. Doch diese Lesart kollidiert mit manchen Vorstellungen von Gottes Allmacht, daher versuchte man schon früh, diese Passage zu deuten. In den Midraschim, der jüdischen Schriftauslegung, findet sich beispielsweise die Deutung, dass er mit dem Boten Gottes rang.

und ich mir meine eigene Predigt lieber selbst hinter die Ohren geschrieben hätte.

Sechs Jahre zuvor: Ich war 18 Jahre alt, als ich nach dem Abitur auf ein theologisches Seminar ging. Ich wollte Pastorin werden, zumindest war ich mir sicher, dass dieser Ort zu diesem Zeitpunkt der richtige für mich war. Ich heiratete mit 19 Jahren meinen damaligen besten Freund, und er kam mit mir auf das Seminar und begann ebenfalls zu studieren. Ich heiratete vor allem deshalb, weil es sich sicher anfühlte mit ihm und wir heiraten mussten, um auf einem evangelikalen-theologischen Seminar zusammenleben zu dürfen. Professoren vor Ort warnten uns, so früh zu heiraten, auch unsere Eltern waren nicht glücklich darüber, aber ich fühlte mich reif genug, diese Entscheidung zu treffen. Ich dachte: Ist Liebe am Ende nicht einfach eine Entscheidung? Irgendwie hatte ich auch Angst, allein zu bleiben, niemanden abzubekommen. In meiner kleinen, pfingstcharismatischen Blase, in der ich gemeindlich aufgewachsen war, gab es nicht unendlich viel Auswahl. So viele Jahre später klingt das alles nach sehr seltsamen, willkürlichen und unlogischen Gedanken. Damals war ich jedoch der Meinung, die richtige Entscheidung zu treffen. Ich liebte diesen Mann, auf meine 19-jährige, kindliche Art.

In der Realität fiel ich jedoch sehr hart. Es ist schwer, über etwas zu schreiben, was auch jemand anderen betrifft, wenn sich die andere Person nicht dazu äußern kann. Daher ist meine Sichtweise subjektiv, aber dennoch wertschätzend. Unser Alltag war schwer. Die Finanzen als Studenten waren knapp. Wir waren unerfahren, wenn es darum ging, eine Beziehung zu führen, und waren vor allem sehr unterschiedlich. So hatten wir uns das nicht vorgestellt! Ich bekam depressive Verstimmungen, konnte einige Wochen nicht in die Uni gehen und weinte viel. Ich war antriebslos und sehr unglücklich. Außerdem war ich wahrscheinlich verwöhnt und hatte keine Ahnung, wie es ist, allein beziehungsweise ohne Eltern zu leben. Ich konnte nicht kochen, nicht Auto fahren und war insgesamt sehr hilflos und abhängig.

Wenn wir nicht mit den Sätzen „Man heiratet nur einmal im Leben!“ und „Was Gott verbunden hat, soll der Mensch nicht scheiden!“ aufgewachsen wären, hätte ich mich schon nach kurzer Zeit getrennt. Aber ich war zu stolz, um zuzugeben, dass ich eine falsche Entscheidung getroffen hatte. Ich wollte allen beweisen, dass sie unrecht hatten, dass wir gut zusammenpassten und, vor allem, dass Liebe doch einfach eine Entscheidung ist!

Dass dieser Satz durchaus dann gilt, wenn in langjährigen Beziehungen Schwierigkeiten auftreten, und nicht direkt am Anfang, wenn die Liebe noch rosarot sein sollte und man glücklich, bis über beide Ohren strahlend die erste gemeinsame Wohnung bezieht, wusste ich nicht. Dass Liebe eben auch ein Gefühl ist und die Entscheidung, zu lieben, dann bewusst immer wieder getroffen werden muss, wenn man sich aufgrund der eigenen Charakterschwächen zutiefst verletzt, war mir nicht bewusst. Ich hatte schlichtweg keine Ahnung und ging davon aus, dass es wohl allen Paaren so gehen musste wie uns und alle jeden Tag streiten würden.

Nach drei Jahren schloss ich mein Bachelorstudium ab und arbeitete ein Jahr als Jugendreferentin in einer freien Gemeinde. Ich liebte diesen Job, die Jugendlichen, das Kreativsein und die Möglichkeit, von Jesus erzählen zu können. Mein damaliger Mann und ich zogen anschließend in eine andere Stadt, begannen dort wieder als angehende Pastoren zu arbeiten, bekamen ein Kind und zogen dann zurück in unsere Heimatstadt. Dort waren wir näher bei Oma und Opa, und ganz langsam bekam ich die Kraft, um auszusprechen, wie schlecht es mir ging. Ich fühlte mich gefangen, suchte verzweifelt Freiheit und traute mich nicht, mich zu trennen. Denn: „Man trennt sich nicht!" Ich wusste, wenn ich mich trennen würde, konnte ich meinen Beruf nicht mehr ausüben, da in meinen Kirchgemeinde-Kreisen Scheidung als Sünde betrachtet wurde und Pastoren eine Vorbildfunktion innehaben sollten. Existenzangst, finanzielle Sorgen und Stolz verzögerten den ganzen Prozess und machten ihn noch schmerzhafter, als er sowieso bereits war. Ich klammerte mich an meinen Beruf, mit dem meine ganze Identität verbunden war. Wenn ich den verlieren würde, würde ich auch mich verlieren! Und doch war ich erleichtert, als nach Jahren des gemeinsamen Ringens und Kämpfens die Entscheidung zur Trennung fiel.

Mein privates Scheitern wurde öffentlich reflektiert von Personen aus dem Freundes- und Bekanntenkreis der Kirchgemeinden, die mich beobachteten. In so einem Fall verliert man oft einen Teil seiner sozialen Beziehungen und eine Identität, die man bis zu dem Zeitpunkt als wichtig empfand. Wir alle, die wir uns in sozialen Systemen befinden, bewegen uns in einem Netz von Erwartungen, die an uns gestellt werden. Für meinen Selbstwert spielten die Beziehungen in meinem Leben eine wichtige Rolle.

Ich verlor meinen Job, meine Freunde aus der Freikirche und damit auch ein großes Stück Identität. Weil ich mich so sehr darüber definiert hatte, war ich nun niemand mehr. Wer war ich noch, ohne meinen Beruf?

Ich verurteilte mich selbst, schämte mich für mein Scheitern und konnte mir selbst nicht vergeben. Ich war versunken in Selbstanklage und versuchte einen Weg zu finden, aus dem Hintergrund meines evangelikalen Glaubensverständnisses heraus, mit mir selbst ins Reine zu kommen.

Diese Selbstfindungsreise war das Härteste und Beste, was mir jemals passieren konnte. Zum ersten Mal in meinem Leben hatte ich das Gefühl, auf den Resetknopf gedrückt zu haben und nun vollkommen frei entscheiden zu können, wie ich leben möchte. Ich machte mich frei von den Erwartungen und Vorstellungen anderer Menschen über mein Leben und nahm mir Zeit. Gemeinsam mit Gott entschied ich mich für meine ganz eigene Zukunft.

Nur die Scham blieb, wenn ich mit meinem alten Umfeld konfrontiert war. Ich hatte das Gefühl, dass mir mein Scheitern anhing und ich nun darüber definiert wurde. Meine Mutter nahm mich an einem Tag mit zu einer charismatisch-evangelikalen Veranstaltung. Sie zwang mich förmlich, ließ keine Widerrede zu und verfrachtete mich ins Auto. Dort angekommen meldete sie mich zum „Hörenden Gebet“ an. Bei so einem Treffen sitzen fremde Menschen gemeinsam in einem Raum. Man geht hinein, stellt sich nicht vor, sondern setzt sich einfach neben sie in den Kreis. Sie beginnen dann leise jeder für sich zu beten und zu hören, was Gott ihnen zu sagen hat. Ich komme aus pfingstcharismatischen Kreisen. Diese Form von Gebet, auch Lobpreis und Zungenrede, war für mich nicht fremd. Für Menschen von außen klingt es wie Zauberei und gefährlich, und auch ich bin mehr als skeptisch, wenn es um prophetische Aussagen geht oder jemand der Meinung ist, Gott hätte ihm etwas mitgeteilt. Ich war aber zu höflich, um aus dem Raum zu gehen, also blieb ich brav sitzen. Ich fühlte mich furchtbar. Voller Scham. Ich erwartete, dass Gott ihnen mein Scheitern offenbaren würde oder sie mich „zurück auf den rechten Weg“ weisen würden. Ich erwartete Demütigung und fühlte mich fehl am Platz. Doch dann geschah etwas völlig Unerwartetes. Und nur deshalb teile ich dieses Erlebnis. All die fremden Menschen waren fertig mit ihren Gebeten und teilten mir nun der Reihe nach mit, was Gott ihnen zu mir gesagt hatte. „Als du den Raum betreten hast, habe ich deine Heiligkeit gespürt …“, „Du bist so rein!“, „Liest du jeden Tag in der Bibel? Deine Ausstrahlung ist so heilig!“ – und so ging es reihum. Sie hatten Bibelstellen für mich, die mich ermutigten und mir zusprachen, wie rein und ohne Schuld ich sei. Mir blieb der Mund offen stehen. Hatten sie nicht richtig gehört? Ist diese Form des Gebets damit nicht ganz offensichtlich Blödsinn? Völlig irritiert verließ ich den Raum und prallte auf meine Mutter. „Wie war es?“, fragte sie mich. Und ich antwortete: „Ich glaube nicht, dass diese Worte dort drin für mich bestimmt waren. Ich habe dir ja schon gesagt, dass ich das für

Quatsch halte." Sie ließ nicht locker und ich erzählte ihr, was mir gesagt wurde. Sie nahm mich in den Arm: „Siehst du, das ist, wie Gott dich sieht! Dir ist vergeben, auf dir lastet keine Schuld." Ich wurde still und ließ diese Wahrheit in mein Herz sickern.

Ich bekam an diesem Tag meinen neuen Namen. Mein Kampf war es, schambehaftet in einen Gebetsraum zu gehen, in den ich nicht gehen wollte. Und ich ging heraus und war nicht länger eine Versagerin, die gescheitert ist und die geschieden wurde. Ich bekam eine neue Identität, die Gott mir zuschrieb. Ich war heilig. Geliebt. Angenommen. Ohne Schuld.

Wenn wir versagen, bedeutet das nicht, dass wir Versager sind und diese Identität, dieser Name, nun unser Leben bestimmt. Fehler zuzugeben, aber seinen Selbstwert nicht ans Richtigmachen zu knüpfen – das ist die Kunst. Das ist leichter gesagt als getan. Ich muss zugeben, dass ich viele Jahre die Scham und den Makel, geschieden zu sein, mit mir herumgetragen habe. Die Menschen um mich herum hat es viel weniger interessiert als mich. Ich habe das Versagen persönlich genommen und verabsolutiert. Aber wer sich mit dem Scheitern identifiziert, erniedrigt sich selbst.

Denn das Projekt, mit dem wir beschäftigt waren, ist vielleicht gescheitert. Unsere Familie. Die Freundschaft. Die Umwelt. Aber nicht unser Ich in seiner Ganzheit. Scheitern kratzt unseren Schutzmantel, unsere Identität, unser soziales Ich an. Wir kommen an einen Punkt, an dem wir uns selbst nicht wiedererkennen. Das tut weh! Das eigene Ich muss nach einem Scheitern oft neu bestimmt werden, es ist im Wandel, vielfältig und in Bewegung. Gott möchte gern derjenige sein, der auch dir einen neuen, liebevollen Namen schenkt.

Gottes Zuspruch an dich:

Du bist geliebt.
„Seht, welch eine Liebe uns der Vater gegeben hat, dass wir Kinder Gottes heißen sollen! Und wir sind es.“

1. Johannes 3,1 (ELB)

Du bist angenommen.
„Nehmt einander an, so wie Christus euch angenommen hat.“

Römer 15,7

Du bist wichtig.
„Ihr alle seid der eine Leib von Christus, und jeder Einzelne von euch gehört als ein Teil dazu."

1. Korinther 12,27

Du bist gesegnet.
„Gelobt sei Gott, der Vater unseres Herrn Jesus Christus! Er hat uns mit seinem Geist reich beschenkt und uns durch Christus Zugang zu seiner himmlischen Welt gewährt."

Epheser 1,3

**Du hast den Geist der Kraft,
der Liebe und der Besonnenheit.
„Denn Gott hat uns nicht gegeben
den Geist der Furcht, sondern der
Kraft und der Liebe und der
Besonnenheit.“**

2. Timotheus 1,7 (LUT)

Scheitern
und Körperlichkeiten

Eigentlich sollte es dieses Kapitel gar nicht geben. Weil wir uns im Jahr 2023 befinden und niemand nach Body-Mass-Index bewertet werden sollte. Weil wir jede Körperform lieben und gelernt haben sollten, niemanden danach zu beurteilen. Das dachte ich zumindest.

Bis ich folgende Nachrichten über Social Media erhielt: „Du mit deiner Figur kannst das eigentlich nicht tragen, aber es sieht trotzdem gut aus." Und auch: „Du siehst manchmal so daneben aus, dass es schon wieder cool ist." Kritik, versteckt in Komplimenten. Was um alles in der Welt, nehmen wir uns als Frauen heraus, dass wir uns immer noch so kritisieren und beäugen müssen? Warum halten wir nicht zusammen, lieben uns und feuern uns gegenseitig an? Kann es sein, dass wir selbst so unsicher sind und ein so geringes Selbstwertgefühl besitzen, dass wir lästern, statt einander aufzubauen?

Und Männer sind nicht besser! Ich zeige Ausschnitt. „Du willst doch nur Klickzahlen!", „Du siehst so heiß aus!!", „Du verführst die Männer, das ist Sünde." Ich könnte diese Liste ewig fortsetzen, am Ende läuft es immer auf ein einziges Sexualisieren meiner Person hinaus. Und die Wahrheit ist: Ich bin eine Frau. Und ich existiere. Mehr nicht.

Noch vor zehn Jahren war ich, wie schon immer, untergewichtig gewesen. Spindeldürr und riesengroß, mit den perfekten 90er-Jahre-Modelmaßen und endlos langen Beinen. Dann kamen mein Studium, meine Lebenskrise und eine Pandemie. Ich hatte Stress, hatte Kinder bekommen, saß viel, kompensierte mit Essen und wurde in der Folge immer kurviger. Und ich begann mich zu lieben. Viel mehr als früher kam ich in mir an und schätzte meinen Körper für seine Gesundheit, für alles, was er geleistet hatte. Ich liebte meine Sinnlichkeit und Weiblichkeit.

Und dann diese Kommentare. Sie trafen mein Herz. So selbstsicher war ich scheinbar doch nicht, denn so egal waren mir diese Sätze nicht! War ich tatsächlich gescheitert, indem ich so viel zugenommen hatte und mein BMI folglich nicht mehr im Normalbereich lag? Egal wie oft und wie viel Curvy-Body-Positivity wir propagieren: Das angebliche Idealmaß haben wir trotzdem – weil wir es uns von der Schönheitsindustrie eintrichtern lassen – immer im Hinterkopf.

Und nein, ich bin natürlich keineswegs gescheitert, weil ich mehr wiege als früher. (Was für eine Absurdität, diesen Satz auch nur aufschreiben zu müssen!) Wenn, dann bin ich daran gescheitert, dass ich mich nicht schon vor 20 Jahren geliebt habe. Ja, es war ein Scheitern an Selbstliebe.

An dem Abend, an dem ich meinen jetzigen, zweiten Mann kennenlernte, trug ich ein kurzes, rotes Kleid. Meine Freundin und ich wollten tanzen gehen, und sie brachte als Überraschung noch einige Freunde mit, darunter meinen Mann. Ich erinnere mich, wie ich mich, bevor ich sie traf, zu Hause kritisch vor dem Spiegel drehte. Ich fand meine Hüfte zu breit und die kleinen Speckröllchen obendrauf grauenhaft. Ich erwähnte, dass ich damals untergewichtig war? So dünn, dass meine Freundinnen sich schon Sorgen machten. Und ich war selbstkritisch, unsicher und fand mich überhaupt nicht toll. Aus Ermangelung an Alternativen trug ich das rote Kleid, obwohl ich fand, ich würde darin dick aussehen. Meine Selbstwahrnehmung war total gestört. Doch mein Mann war, als er mich zum ersten Mal sah, sofort hingerissen. Er sah mich und wusste sofort, dass er mich wollte. Er fand alles gut an mir. Und er findet auch immer noch alles toll an mir. Er liebt nicht nur mein Herz, sondern jede Kurve, jede Falte, jede Delle, jedes Haar. Wie er mich immer noch ansieht, so hingerissen.

Wieso schaue ich mich selbst nicht so an? Warum versuche ich mit teurem Öl meine Schwangerschaftsstreifen nachträglich zu kitten und kritisiere mich? Es ist mühselig, die kostbaren Jahre des eigenen Lebens nicht damit zu verbringen, sich selbst zu feiern. Den eigenen Körper nicht zu lieben. Selbstliebe hat nichts mit der Kiloanzahl zu tun, wie ich selbst feststellen durfte. Sie hat nichts mit Kleidung zu tun oder mit der perfekten Frisur. Selbstliebe ist ein Teil des Prozesses in der Entwicklung von Selbstbewusstsein und Selbstvertrauen.

Ich liebte Bücher schon als Kind über alles. In einem Kinderbuch, an das ich mich erinnere, gab es einen großen, aufgedruckten Spiegel, in dem man sich ansehen konnte, und eine Erklärung dazu: „Du bist einzigartig." Daneben sollte man mit einem Stempelkissen seinen Fingerabdruck auf Papier bringen. Die Botschaft war: „Nur du hast diesen Fingerabdruck. Nur dich gibt es so, wie du bist, einmal auf dieser Welt." Mit sieben Jahren waren das für mich Dimensionen, die ich mir gar nicht vorstellen konnte. Ich betrachtete meinen Zeigefinger und die feinen Rillen auf der Unterseite und ließ den Gedanken in mein Herz fallen, dass Gott mich einzigartig und wunderschön geschaffen hatte. Leider wurden dieses Gefühl und dieser Gedanke als erwachsene Frau wieder überlagert von all den abstrusen Schönheitsidealen und der vielen Vergleicherei.

Wenn man sich selbst liebt, akzeptiert man sich allumfassend, auch mit allen Makeln und Schwächen. Man verzeiht sich die eigene Unvollkommenheit und vergleicht sich weniger mit anderen.

Selbstliebe hat nichts damit zu tun, dass man selbstsüchtig ist, immer nur auf den eigenen Vorteil bedacht und egoistisch wäre. Sie ist vor allem auch etwas, das man tatsächlich lernen kann. Der erste Schritt ist es, zu erkennen, dass man tatsächlich ein Problem damit besitzt, sich selbst zu lieben. Oder beneidet man insgeheim vielleicht sogar andere Menschen? Ist man zufrieden mit dem eigenen Leben oder eigentlich immer gestresst? Zu akzeptieren, dass man sich vielleicht nicht so sehr liebt, wie man sollte, sondern stattdessen immer gegen sich selbst kämpft, ist ein zweiter wichtiger Schritt zu mehr Selbstakzeptanz. Es gibt viele Möglichkeiten, um zu beginnen, sich selbst zu lieben. Eine Methode kann sein, damit aufzuhören, sich mit anderen zu vergleichen. Bei einer Dokumentation vom MDR sagte ich damals zur zuständigen Redakteurin:

„Wir müssen damit aufhören, die Stärken der anderen als unsere Schwächen wahrzunehmen."[7] Jede und jeder von uns ist gut genug. Es gibt immer etwas, worauf man stolz und wofür man dankbar sein kann. Ein Trick kann sein, sich selbst öfter von außen aus den Augen einer Freundin zu betrachten. Wir dürfen uns selbst stärken und uns von unseren Fähigkeiten erzählen, wenn etwas schiefgelaufen ist. Wir dürfen die strenge Haltung zu uns selbst ablegen und gnädiger mit uns selbst sein.

Veronika Smoor schreibt in ihrem Buch „Problemzone Frau" Folgendes:

„Wir Frauen stecken in einem System aus Erwartungen und Wahnsinn, das bereits in unserer Kindheit begann. Unsere Selbstwahrnehmung basiert häufig auf Lügen, die uns wieder und wieder eingetrichtert werden. Manchmal sehr subtil, ganz häufig sehr offensichtlich. Und dann übertreffen wir uns darin, uns selbst schlechtzumachen, kleinzuhalten und jeder Diät hinterherzurennen. (...) Für Gott sind wir keine Randfiguren, keine Problemzonen, an denen rumgeschraubt werden muss, bis wir klein und hübsch und fügsam sind, sondern seine freien, wilden Geschöpfe, geformt nach seinem Ebenbild."[8]

Es gibt wenige Frauen, die ganz und gar mit sich versöhnt sind. Wir anderen, so nennt es Veronika, sind in so manchen Punkten Gefangene. Wir sehnen uns nach Ermutigung und Ankommen in uns, stattdessen plagen uns aber Selbstzweifel, Geringschätzung und eine tiefe Sehnsucht. Es ist ein „Ja" zu unserer Weiblichkeit, das ich uns entgegenschreien möchte. Dem Optimierungswahn und falschen Perfektionismus entgegen. Es ist ein „Ja“ zum Leben. Zu Kurven, zu gutem Essen und zu Sport, weil er uns guttut und nicht, um abzunehmen. Wir können nicht scheitern in Bezug auf eine Kilozahl. Wir sind gut, liebenswert und wunderschön – so, wie wir sind!

Meine 5 Tipps, um weniger streng
mit dir selbst zu sein:

1. Mach dir bewusst, dass es keine Perfektion gibt. Niemand ist jemals perfekt.

2. Humor ist eine Waffe. Manchmal entscheide ich mich, lieber zu lachen, statt zu weinen.

3. Hab Mitgefühl mit dir.

4. Sei achtsam, spüre, wie es dir geht, und benenne deine Gefühle beim Namen.

5. Tu dir etwas Gutes! Nimm ein Bad, geh zum Sport, lies ein Buch. Mach etwas, das dir Freude bereitet.

Scheitern und Studium

Seit meiner Predigt damals über Jakob und unsere neue Identität habe ich nie wieder auf einer Bühne gestanden. Mein Privatleben war mir unter den Füßen weggerissen worden, und damit auch die Bühne. Ziemlich schnell hatte ich mich dafür entschieden, nochmals Theologie zu studieren, dieses Mal an einer staatlichen Universität. Ich wollte schon immer mein Altgriechisch und Hebräisch vertiefen. Direkt nach einer Trennung muss man sich erst einmal selbst wiederfinden, neu orientieren, und ich war mit Mitte 20 noch sehr jung. Ich klammerte mich an meine Identität, die ich in meinem damaligen Beruf als angehende Pastorin gefunden hatte. Ignorierend, wie sehr mich die Organisation der vielen Events und Kirchenprogramme, die ständige Erreichbarkeit und die menschlichen Erwartungen an mich eingeengt und oftmals auch überfordert hatten. Ich bewarb mich für den Pfarrdienst in der evangelischen Landeskirche, legte Prüfungen ab, übersetzte fleißig und nicht besonders gut Platon, machte Exegesen und zwang mich zu einem Philosophicum. Ich lernte Liturgie und immer mehr die evangelische Landeskirche zu lieben. Ich entdeckte den theologischen Diskurs, das Ringen um Gotteserkenntnis, die Zweifel und die Akzeptanz, nicht alles wissen zu können. Eine neue Welt öffnete sich für mich. Ich genoss es, wieder ein Ziel und einen Sinn in meinem Leben zu haben. Ich war fleißig und studierte unentwegt. Und so auch Anfang September 2017.

Ich betrat den riesigen Hörsaal und suchte mir einen Platz. Ich sah mir die Gesichter um mich herum an. Die anderen Studenten waren alle Anfang 20 oder noch jünger. Ich kannte sie nicht, sie studierten Lehramt und ich Theologie. Ich packte meine Stifte aus, daneben etwas zu essen und mein dickes Wörterbuch.

Zu meinem großen Glück hatte ich, wie bereits erwähnt, nach meiner Trennung von meinem ersten Mann und meinem großen Zerbruch inzwischen einen neuen, wundervollen Mann kennengelernt, der freundlicher und gütiger nicht sein könnte und den ich einige Zeit später heiratete. Er ist dieser großartige Mensch, von dem ich im letzten Kapitel schon geschwärmt hatte und der mich in all meinen Facetten liebt. In all den weiteren Umbrüchen meines Lebens war die Liebe zu ihm eine wunderbare Oase und Quelle größter Glückseligkeit. Er hatte mir nicht nur zwei Kinder geschenkt, sondern mich auch in allen verrückten Ideen und Lebensumständen unterstützt. Und so auch heute.

Zurück in den Hörsaal: Meine Brüste schmerzten. Sie waren voller Milch und ich hoffte, dass sie nicht beginnen würden zu tropfen. Die Prüfung dauerte mehrere Stunden, abgepumpte Milch hatte ich zu Hause bei meinem Mann gelassen. Aus irgendeinem Grund dachte ich, es sei eine gute Idee, mein Studium weiter durchzuziehen und sieben

Wochen nach der Geburt eine schriftliche Latinumsprüfung abzulegen. Ich kam mir alt vor und passte überhaupt nicht mehr in dieses Studentenfieber. Ich sollte eigentlich stillend auf unserem Sofa liegen, Babyduft atmen und nicht versuchen, Cicero zu verstehen.

Wir bekamen den Text ausgeteilt und ich übersetzte ihn. Tatsächlich meinte ich sogar, ihn zu verstehen. Ich erkannte grammatikalische Besonderheiten und war rechtzeitig fertig. Dann gab ich ab, verließ beschwingt den Hörsaal und ging nach Hause. Das war eine gute Entscheidung gewesen! So lange schon hatte ich das Latinum aus Desinteresse vor mir hergeschoben, nun hatte ich es endlich hinter mich gebracht. In den kommenden vier Wochen arbeitete ich mich durch ein Lehrbuch über römische Geschichte und bereitete mich auf die mündliche Prüfung vor. Dann bekamen wir die Ergebnisse. Die Personen, die bestanden hatten, standen mit ihrer Immatrikulationsnummer auf der Liste. Ich war nicht dabei. Immer und immer wieder suchte ich die vielen Zahlen ab. Aber ich hatte tatsächlich nicht bestanden! Die ganze Zeit war umsonst gewesen, und was noch schwerwiegender wog: So viel kostbare Zeit hatte ich mit meinem Baby verloren! Ich trauerte darum und machte mir Vorwürfe. Was hatte ich mir nur dabei gedacht? Und nun hatte ich nur noch einen Versuch übrig, musste mich nochmals vorbereiten, noch mehr lernen, noch besser werden. Ich fühlte mich dumm, wie eine Versagerin mit einem schlechten Entscheidungsvermögen und vor allem auch viel zu alt, um mich mit Anfang 30 erneut in diese Latinumsprüfung zu setzen.

Obwohl ich dachte, durch mein erneutes Studium der Theologie meine Identität als Theologin wiedergewinnen zu können, fühlten sich diese Studienjahre wie ein beruflicher Zwischenraum an. Nach wie vor war ich auf der Suche nach einem beruflichen Zuhause. Das Studieren war meine Hoffnung auf eine Zukunft als Pastorin, aber gleichzeitig fühlte ich tief in mir, dass ich immer noch nicht richtig angekommen, nicht wirklich glücklich war.

An einem Sonntag traf ich in einem Gottesdienst bei einer Gemeindegründung von guten Freunden auf Tania Harris. Tania arbeitet international als Speakerin. Ich war fasziniert, als ich sie sprechen hörte. Mein Herz begann zu klingen, mit einer eindringlichen Sehnsucht. Ich suchte das Gespräch mit ihr, klagte, dass ich mich gefangen fühlte in einer Zeit, die sich wie ein Zwischenraum anfühlte. Ohne dass sie mich kannte, lächelte sie mich liebevoll an und sprach Wahrheit in mein Herz, die ich seitdem dort trage und bewahre: „Du bist so jung, du hast eine tolle Familie, kleine Kinder. Du hast ein solches Glück geschenkt bekommen! Alles zu seiner Zeit. Das andere wird auch wiederkommen, jetzt genieße deine Kinder." Es war so simpel. Und ich brauchte jemanden von außen, der mir diese Ruhe zusprach.

Mit Frieden in meinem Herzen ging ich an diesem Sonntag nach Hause. Ich entschied mich, meine Elternzeit mehr zu genießen, und studierte in der folgenden Zeit viel weniger. Ich belegte nur noch einige Vorlesungen, schrieb eine Hausarbeit. Es wurde ruhiger und ich entschloss mich, mir Zeit zu geben, um mit nunmehr drei Kindern zusammenzuwachsen.

Nur zwei Jahre später brachte ich mein erstes Buch heraus, und ab da änderte sich mein ganzes Leben. Mit jedem Jahr, mit jedem Buch, das ich lese und schreibe, mit jedem Moment, in dem ich mit meinen Kindern kuschle, mit jedem Gespräch, das ich mit einer Seelsorgerin führe, die mich auf meinem Weg begleitet, kann ich das Leben innerlich mehr umarmen, mich freuen und dankbar sein. Ich nehme jede Pause, jeden Stillstand inzwischen mit einem inneren Vertrauen an, dass auch wieder andere Zeiten kommen.

Dieses Vertrauen in die Zukunft und in mich entstand durch ein wachsendes Selbstwertgefühl. Als ich damals mit zehn Jahre jüngeren Studenten ein Latinum schreiben sollte, fehlte mir die innere Kraft, um zu mir zu stehen und mir zuzusprechen, dass ich nicht immer die beste Leistung bringen musste. Stattdessen fühlte ich mich alt und dumm, mein Scheitern bedrohte mein Selbstwertgefühl. Klingt verrückt, aber eigentlich hätte ich so stolz auf mich sein können, dass ich überhaupt mit Kindern studierte. Die Angst zu scheitern ist so weit verbreitet, dass viele Menschen sich gar nicht erst trauen, ihre Träume zu verwirklichen. Aus Angst zu versagen. Und wenn man es dann tut, möchte man dieses gerne verstecken und quält sich, wie ich, mit Selbstvorwürfen.

Es ist wichtig, ein Selbstwertgefühl zu entwickeln, um im Scheitern nicht den Boden unter den Füßen zu verlieren. Die deutsche Sprache ist sehr penibel. Wir unterscheiden Selbstbewusstsein, Selbstvertrauen und Selbstwert voneinander. Diese drei Begriffe werden häufig durcheinandergeworfen. Sie stehen zwar in Bezug zueinander, haben jedoch verschiedene Bedeutungen.

Man kann zum Beispiel selbstbewusst wirken, ohne echtes Selbstvertrauen zu besitzen. Selbstbewusst zu wirken, muss nicht unbedingt etwas mit echtem Selbstvertrauen zu tun haben.

Selbstbewusstsein bedeutet, dass man viel über sich selbst weiß und sich seiner selbst bewusst ist, sagt Marcel Schuy, der Gründer der Coaching-Software CleverMemo.[9] Man kennt seine eigenen Stärken und Schwächen. Ein selbstbewusster Mensch glaubt an sich, trägt Kraft in sich und hat das Gefühl, auch die schwierigen Dinge im Leben wuppen zu können. Durch Selbstbewusstsein entsteht Selbstwertgefühl. Selbstwertgefühl, oder auch Selbstannahme, heißt, dass man seinen eigenen Wert erkennt und sich selbst liebt, unabhängig von der eigenen Leistung und den eigenen Schwächen. Kein Mensch ist perfekt, aber man kennt seine Qualitäten. Ein gesundes Selbstwertgefühl sorgt dafür, dass wir uns Herausforderungen zutrauen und souverän auftreten.

Aus der Verbindung von Selbstbewusstsein und Selbstwertgefühl mit den daraus resultierenden Erfahrungen entsteht dann ein echtes Selbstvertrauen, das einem Sicherheit schenkt. Man traut sich selbst etwas zu und kann auch in schwierigen Situationen sicher auftreten. Selbstvertrauen entscheidet, wie wir Schwierigkeiten meistern, wie wir mit Kritik umgehen und wie wir in Beziehungen leben.

Und: Selbstvertrauen wächst, wenn man Krisen meistert. Dadurch entwickeln sich ein neuer Optimismus und

Mut. Infolgedessen rechnet man dann auch immer öfter und selbstbewusster mit positiven Ausgängen von Krisen.

Selbstbewusstsein entsteht in der Regel, wenn wir Kinder sind. Unseren Eltern kommt diese wichtige Rolle zu. Sie sollten uns vermitteln, dass wir wertvoll sind. Für ein gesundes Selbstwertgefühl brauchen wir das Wissen, dass wir gut sind, wie wir sind. Versagensängste lähmen uns stattdessen, da hinter diesen ein negatives Selbstbild steckt. Hat man dieses Selbstbewusstsein als Kind nicht bekommen, hat man eine innere Unsicherheit, braucht Rückversicherung und Anerkennung.

Wer nicht das Glück hatte, in einem Elternhaus aufzuwachsen, das einem in der Kindheit ein gutes Selbstwertgefühl vermittelt hat, darf es lernen, wenn er oder sie erwachsen ist. Das Gute ist: Dafür ist es nie zu spät.

Wie wird man selbstbewusst?

1. Stell dich deinen Ängsten
und mach etwas,
wovor du Angst hast.
2. Erlaube dir, Fehler zu machen.
Oder muss etwas perfekt sein, weil
du Anerkennung von außen suchst?
3. Konzentriere dich auf das,
was du kannst.
4. Nimm Kritik nicht persönlich.
5. Sorge für Erfolgserlebnisse.
Setze dir dafür realistische Ziele,
dadurch stärkst du den Glauben an
deine Fähigkeiten.

Scheitern und Beruf

In den Jahren meines Theologiestudiums belegte ich ein Seminar über Publizistik. Gemeinsam besuchten wir verschiedene Medienhäuser, lernten, eine Pressemitteilung zu schreiben und alles, was ein Pfarrer und eine Pfarrerin über Pressearbeit so wissen müssen. Die Presseabteilungen, die wir besuchten, luden uns alle ein, für sie zu schreiben. Sie alle suchten freie Mitarbeiter und wären begeistert, so sagten sie uns, wenn Theologen für sie arbeiten würden. In meinem Herzen begann etwas zu klingen. Und eine tiefe Sehnsucht brach sich Bahn.

Ich war sechs Jahre alt, als ich bei einem Friseurbesuch ein spannendes Benjamin-Blümchen-Buch entdeckte und keine Zeit hatte, um es mir bis zum Ende anschauen zu können. Ich nahm es mit nach Hause. Abends saßen meine Eltern immer gemeinsam im Wohnzimmer, jeder auf einem großen, schwarzen Sessel, und lasen. Ich kam aus meinem Kinderzimmer unter dem Dach mit meinem neu errungenen Buch unter dem Arm herunter und setzte mich auf einen kleinen Hocker neben meine Mutter. Ich schlug es auf und mein kindliches Gewissen schlug an. Plötzlich wusste ich, dass ich gestohlen hatte und dass das nicht in Ordnung war. Das Blut schoss mir vor Scham in den Kopf.

Auch meine Mutter fragte verwundert: „Wo hast du denn das Buch her?" „Vom Friseur", antwortete ich kleinlaut.

Am nächsten Tag ging mein Vater mit mir zum Salon, entschuldigte sich und gab das Buch zurück. Ich sah, dass die Stylistin hinter dem Empfangstresen verwundert reagierte. Wahrscheinlich hatten sie nicht einmal mitbekommen, dass es abhandengekommen war. Als Nächstes ging mein Vater mit mir in eine Buchhandlung und kaufte mir das Buch. Ich werde nie vergessen, dass er sagte: „Scheinbar hast du einen Mangel gehabt. Wenn du das Buch unbedingt haben möchtest, kaufe ich es dir. Wenn du etwas brauchst, kannst du zu mir kommen." Ich war glücklich. Diese Lebenslektion hat mir nicht nur gezeigt, dass ich versorgt bin, sondern auch, wie sehr ich Bücher liebe.

In den folgenden Jahren besuchte mein Vater mit mir regelmäßig Buchhandlungen, deckte mich mit sogenannter Weltliteratur für Kinder ein, wie er es nannte, und gab mir jeden Sonntag Geld, damit ich mir am Büchertisch unserer Kirchgemeinde Kinderbücher kaufen konnte. Diese las ich innerhalb eines Tages.

In der zweiten Klasse wurde meine Mutter gemeinsam mit mir zum Gespräch in die Schule gebeten. „Wir haben ein Problem. Ihre Tochter liest heimlich in der Schule während des Unterrichts unter dem Tisch", sagte die Lehrerin. Ich schrak zusammen. Hatte ich etwas falsch gemacht? „Ich wollte Ihnen das nur sagen. Ich würde vorschlagen, dass wir sie lesen lassen. Das ist das Beste, was sie machen kann." Ich freute mich. Super, ich durfte nun offiziell im Unterricht lesen! Mein liebstes Buch in der Zeit war der dicke Roman über „Heidi“ von Johanna Spyri. Danach kamen „Nesthäkchen“ von Else Ury, alles von Erich Kästner und die Geschichten von Astrid Lindgren.

Irgendwann reichte mir das alles nicht mehr, und ich las die gesamte Kinder- und Jugendbibliothek der Stadt aus. Jede Woche schleppte ich zehn Bücher mit meinem Schulranzen nach Hause und war beglückt. Ich war verliebt in Bücher. Als ich auch alle interessanten Bücher der Kinderabteilung gelesen hatte, begann ich in der Bibliothek meiner Eltern zu kramen. Tolstoi, Brecht und die Psychologieratgeber meiner Mutter mussten dran glauben.

Mit neun Jahren schrieb ich mein erstes Tagebuch voll. Es folgten Kurzgeschichten für Kinder und kurze Bücher. Meinen ersten Aufsatz, den ich in Deutsch schreiben musste, schrieb ich mit viel Inbrunst und Glücksgefühlen. Ich wusste, dass er gut war, und war stolz, als mir das von der Lehrerin bestätigt wurde. Ich wollte Autorin werden. Doch wie wird man das?

Ich besorgte mir Brieffreunde, um meinen Schreibdurst zu stillen. Ich schrieb mehreren gleichzeitig und hatte viel Freude daran. Eine ist bis heute meine Freundin. Doch wie man Bücher oder Artikel für Zeitschriften schreibt, das wusste ich nicht. Und ich kannte auch niemanden, den ich hätte fragen können.

Viele Jahre später, als ich aus meinem Publizistik-Seminar kam, sagte ich zu einem Freund: „Ich würde am liebsten schreiben.“ Und er antwortete: „Dann mach doch!“ Und das tat ich. Ich schrieb dem evangelischen Kirchenmagazin, welches wir als Seminar in der vergangenen Woche besucht hatten, und bekam meinen ersten Auftrag. Der Artikel wurde veröffentlicht und ich erhielt 30 Euro dafür. Ich konnte mein Glück kaum fassen. Ich rannte durch die Wohnung, heulte vor Freude und konnte kaum glauben, dass jemand tatsächlich nicht nur veröffentlichte, was ich geschrieben hatte, sondern mich sogar dafür bezahlte!

Ab diesem Zeitpunkt begann ich zu schreiben. Ich veröffentlichte einen Mamablog, schrieb für Magazine, gründete gemeinsam mit einer Freundin ein Familienmagazin für Leipzig und bekam schließlich eine Mail von einem Literaturagenten. Er fragte mich, ob ich einen Reiseführer für Leipzig schreiben würde. Das war ungewöhnlich. Normalerweise schreiben Autoren Manuskripte, schicken diese an Agenturen, hoffen angenommen zu werden und dann darauf, dass die Agentur einen Verlag findet. Ich sagte dem Agenten zu und schrieb vor vier Jahren mein erstes Buch. Danach kamen noch mehr Buchanfragen und ich musste mich entscheiden. Was wollte ich arbeiten? Ich konnte nicht Studium, Familie und Arbeit in diesem Umfang auf einmal machen, ohne daran kaputtzugehen. Ich entschied mich für den Sprung ins kalte Wasser und wurde Freiberuflerin. In den ersten Monaten hatte ich Angst und eine Identitätskrise. Zu lange hatte ich mich darüber definiert, Pastorin zu werden. Zu lange diesen Wunsch in meinem Herzen gehabt. Doch schreiben machte mich glücklich. Manchmal weinte ich vor Freude, wenn ich über meine Arbeit nachdachte. Es war also der richtige Schritt.

Das Scheitern meiner ersten Ehe und der damit verbundene Verlust meines Pastorinnenberufes wurden zu einem neuen Erfahrungsfeld und führten am Ende zu einer neuen, beruflichen Identität. Ich hatte so viele Jahre Angst davor gehabt, etwas Neues zu probieren, und hielt lange an alten Zukunftsvorstellungen fest. Mit dem Entschluss, Autorin zu werden, wurde mein Leben anders, als ich es mir gedacht hatte, und doch so gut. Auf meinem Weg habe ich mit Sicherheit auch Menschen enttäuscht und brauchte dafür Vergebung und Versöhnung, aber mein Scheitern, meinen Beruf verloren zu haben, führte mich letztendlich zu einer erfüllenden Lebensaufgabe.

Meine Freundin Isabell gründete vor einigen Jahren gemeinsam mit mir das Familienmagazin „Rosa Krokodil“ für unsere Stadt. Wir sind im gleichen Alter, beide Mütter und lernten uns bei einem Plätzchenback-Event in einem Einkaufszentrum kennen. Wir mochten uns auf Anhieb, und nur ein Jahr später entschieden wir uns dazu, zusammen arbeiten zu wollen. Unser Familienmagazin wuchs schnell und stieß auf viel Interesse. Ungefähr ein weiteres Jahr später mussten wir uns entscheiden, ob wir aufs Ganze gehen und expandieren wollten oder nicht. Ich hatte dafür weder Mut noch Zeit, sodass ich mich dazu entschied, Isabell unser „Rosa Krokodil“ komplett abzugeben. Und sie entschloss sich dazu, daraus ein Portal für Familien zu machen. Sie hatte gute Kontakte zu den Entwicklern einer Datenbank für Tourismus und von einer Medienförderung Kenntnis bekommen. Dafür musste sie eine Unternehmergesellschaft gründen und Businesspläne ausarbeiten. Mit zwei Entwicklern begann sie eine App zu entwickeln und begann gemeinsam mit anderen Unternehmen ein

Coaching. Sie mietete ein Büro und entwickelte aus der vorhandenen Datenbank eine eigene. Isabell fand touristische Partner, die mit ihr zusammenarbeiten wollten, bekam einen Gründungszuschuss, eine Partnerin, und auch die App sah sehr gut aus. Sie bewarb sich für Preise und lernte andere Gründerinnen kennen.

Die Entdeckerapp „Rosa Krokodil“ ging einige Monate später online und fand viel Anklang. Radio und Zeitungen bewarben sie. Doch schon einen Tag später ging es bergab. Der Server zog um und die App stürzte zusammen. Sie ließ sich nicht mehr aufrufen, es gab Mängel und nichts funktionierte mehr. Auch dass man über Google gefunden werden können sollte, war beim Programmieren nicht bedacht worden.

Die App wurde folglich kaum noch aufgerufen, und die Besucher blieben nicht lang auf der Seite, weil die Anwendungen nicht funktionierten. Isabell und ihr Team konnten die Aufträge, die sie den Partnern zugesichert hatten, nicht halten.

Sie versuchten das Projekt zu retten, aber es war nicht möglich. „Ich hatte 25 000 Euro in ein Produkt investiert, das Schrott war“, sagte Isabell. Sie bekam Mahnungen der Entwickler, da sie Geld zurückgehalten hatte, welches für das Marketing der App gedacht gewesen war. Allerdings gab es nichts mehr zu bewerben, denn es gab keine Seite mehr.

Mit ihrer Partnerin konnte sie sich auf keinen gemeinsamen Weg einigen und sie mussten sich daher voneinander trennen. Gleichzeitig musste Isabell rechtliche Schritte gegen die Entwickler einleiten und brach schließlich sowohl mit der Partnerin als auch mit den Entwicklern. Genau in dieser Zeit erkrankte sie zusätzlich noch schlimm an Corona, hatte einen Rohrbruch in der privaten Wohnung und erlebte einen Todesfall in der Familie.

Isabells berufliches Leben stoppte aufgrund dieser Ereignisse abrupt. In der ganzen Gründungsphase war sie mit hoher Geschwindigkeit unterwegs gewesen und hatte nie überlegt, wie sie das alles überhaupt schaffen und dabei persönlich auch noch glücklich sein könnte. Sie hatte sich mitreißen und anstecken lassen von anderen Frauen, die erfolgreich etwas gegründet hatten. Diese hatten ebenfalls alle hart und viel gearbeitet, um ihre Ziele zu erreichen. Und Isabell rannte in der Geschwindigkeit der anderen einfach mit, obwohl sie wusste, dass sie gar nicht so schnell rennen konnte. Und als all die Herausforderungen auf sie zukamen, war sie drei Monate lang zum Anhalten gezwungen.

Sie fragte sich: „Was will mir das Leben jetzt sagen? Soll ich umdrehen und sagen: ‚Okay, ich habe es versucht‘, oder soll ich weitermachen? Und wenn ja, wie?“ Sie verkroch sich oft im Bett. Es war eine dunkle und kraftlose Zeit, in der sie aber trotzdem das Gefühl hatte, dass tief in ihr noch ein Hoffnungslicht leuchtete. Sie erhielt zwei herausragende Jobanfragen für Geschäftsführungen, die sie ausschlug. Rational, so reflektiert sie es, gab es keine Erklärung dafür. Sie hatte weder Geld noch Investoren und keinen perfekten Businessplan. „Ich glaube, es war mein inneres Wissen“, sagte Isabell. „Es war mein inneres Wissen, das mir gesagt hat, dass ich weitermachen soll. So schlimm diese Zeit war, sie war roh und hat mich innehalten und zurückschauen lassen auf das, was ich wirklich will. Dieses Scheitern, dieser zu schnelle Sprint, war eine Lehre für mich und meine Ungeduld gewesen. Das waren nicht mein Tempo und mein Weg gewesen, und beides musste ich für mich finden." Isabell hielt kurz inne und sagte dann: „Ich konnte es nicht mal meinen engsten Menschen erklären, aber ich sagte: ‚Das ist mein Neubeginn. Ich gehe kleinere Schritte, setze mir kleinere Ziele, kleinere Etappen. Mache Pausen zwischendurch und trinke Wasser, wie es Langstreckenläufer machen. Ich guck nicht auf die anderen, hör auf meinen Schritt.'

Ich weiß nicht, ob es dieses Mal der richtige Weg ist und ob ich nicht vielleicht wieder anhalten muss. Aber ich weiß: Ich werde anhalten, mich neu sortieren und wieder weiterlaufen können. Das gibt mir Zuversicht und Gelassenheit. Scheitern ist eine Chance gewesen, denn der Weg vorher war verbrannt. Ressourcen waren verbrannt."

Auch in meinem Leben erkannte ich die Chancen, die mein scheinbares Scheitern, keine Pfarrerin geworden zu sein, mit sich brachte: Letztendlich konnte ich meinen Lebenstraum, Autorin zu sein, verwirklichen. Ich bin im Nachhinein betrachtet nicht gescheitert, sondern nur weitergegangen, in die richtige Richtung gelaufen und habe dabei meine Gaben und Fähigkeiten richtig einsetzen können.

„Scheitern ist die Möglichkeit, anders zu werden, als ich es mir vorgestellt habe.“

Josephine Teske[10]

Scheitern durch sich selbst

Wenn wir die Schuld am Scheitern nicht im Außen suchen können oder sie nicht nur an unseren überhöhten Erwartungen an uns, sondern tatsächlich ganz allein bei uns liegt, dann fühlt sich Scheitern anders an. Schuldgefühle und Scham kriechen durch den Bauch direkt ins Herz und klemmen den Hals zu. Mist! Wir haben es verka***! Wir haben nicht richtig geplant, uns übernommen, die Finanzen nicht im Überblick gehabt, waren zu naiv oder woran es auch immer gelegen hat. Vielleicht auch einfach daran, dass unsere Charakterschwächen zugeschlagen haben.

Es ist nicht nur einmal passiert, dass ich meinen Mann verletzt habe oder ungerecht zu meinen Kindern war. Meine Lektoren brauchen viel Geduld mit mir, weil ich ständig Manuskripte zu spät abgebe. Ich bin auf Vergebung und Mitgefühl angewiesen. Ich brauche Großzügigkeit in meinem Leben, dass jemand beide Augen zukneift und an mich glaubt. Doch das alles sind Dinge, die ich nicht beeinflussen kann. Ich kann nur darauf hoffen.

Wenn ich diese Großherzigkeit mir gegenüber nicht erhalte, scheitere ich. Letztens erzählte mir eine Bekannte, dass sie keine weiteren Buchverträge bekommt, weil sich das letzte Buch nicht gut verkauft hat. Ich erschrak. Wie naiv bin ich denn? So viel Druck liegt in diesem Geschäft, und ich provoziere mein Glück so sehr, indem ich meine Verlage mit meinen späten Abgaben so sehr herausfordere. Meine Bekannte fühlte das Scheitern. Sie hatte keine guten Zahlen geliefert. Egal, ob das Coronavirus immer noch umherging oder eine Wirtschaftskrise das Land erreicht hatte. Das war nicht von Belang.

Wenn wir unseren Selbstwert von unserem Scheitern abhängig machen und dann mit unserem Scherbenhaufen dasitzen, bringt uns das schnell in ein graues, depressives Tal. Wir können uns stattdessen nur selbst lieben, uns dazu aufraffen, unseren Scherbenhaufen aufzukehren und in den Müll zu werfen, wenn wir es schaffen, die passive Rolle des Opfers zu verlassen. Wir sollten aktiv sagen: *Okay, das war Mist. Ich mache es das nächste Mal besser. Ich liebe mich dafür, dass ich es versucht habe. Was kann ich verändern?*

Das Scheitern lässt sich ja auch absolut nicht schönreden. Egal, wie dieser Buchtitel lautet, und egal, wie viele Artikel und Bücher es über das Thema gibt. Scheitern ist richtig sch**** und Krisen erst recht. Scheitern ist peinlich, verunsichert, ist schmerzvoll und macht traurig.

Eigentlich gehören Fehler aber zur normalen Entwicklung eines Menschen dazu, wir lernen aus ihnen. Ein Problem entsteht erst dann, wenn Fehler zu machen mit Versagen gleichgesetzt wird. Die Idee des Scheiterns ist eigentlich ein Produkt unserer Erfolgsgesellschaft. Wettbewerb und Konkurrenz sind in den Mittelpunkt gerückt und der Kapitalismus hat Gewinner und Verlierer hervorgebracht.

Dazu entspricht unser Menschenbild einem Wesen, das sich, wie ich es weiter oben schon schrieb, eben immer wieder optimiert. Wir bleiben fit, körperlich und mental, um für den Wettbewerb zur Verfügung zu stehen und Erfolg zu generieren. Zu scheitern ist ein Stigma. Kein Wunder, denn Scheitern ist eine Grenzerfahrung und kann sich anfühlen, als würde man sterben.

Wie viel besser wäre es, wenn wir uns nicht mehr von Erfolg und Misserfolg abhängig machen und uns nicht mehr schämen müssten, wenn wir etwas gewagt haben, das nicht funktioniert hat? Gut zu scheitern bedeutet, dass es einem gelingt, den Rückschlag zu akzeptieren, loszulassen und nach vorn zu blicken. Man kommt dadurch weiter, lernt von den gemachten Fehlern, analysiert die Ursachen selbstkritisch, ohne sich darin zu verlieren und die Frage nach der Schuld ewig zu untersuchen.

Eine Niederlage trifft das Selbstwertgefühl mit voller Wucht, und wir dürfen unbedingt darüber trauern, um die Situation überwinden zu können. Aber das gelingt überhaupt nur dann, wenn man ein gutes Selbstwertgefühl besitzt. Das beste Heilmittel ist, sich klarzumachen, dass sich der eigene Wert dadurch nicht verringert. Dass wir uns an Freunde und Gott halten dürfen, die uns deutlich machen, dass wir nicht selbst die gescheiterte Sache sind.

Meistens möchten wir nach einer Niederlage am liebsten alles hinschmeißen, aber das ist etwas, das wir unbedingt vermeiden sollten. Resignation ist keine Lösung, denn Fehler werden uns immer wieder passieren. Es wird niemals alles klappen im Leben. Misserfolge bringen uns nicht um, es ist eher die Angst vor dem Versagen, die uns davon abhält, unsere Ziele zu erreichen.

Der Bestsellerautor Stephen King fand keinen Verlag für sein erstes Buch. Ähnlich wie J. K. Rowling war er verzweifelt. Doch er überarbeitete sein Exposé und schließlich wurde es gedruckt und weltweit 350 Millionen Mal verkauft. Die berühmte US-amerikanische Talkshow-Moderatorin Oprah Winfrey hatte einen tragischen Start ins Leben. Sie wurde mit 14 Jahren schwanger, verlor ihr Kind und riss von zu Hause aus. Sie wurde mehrfach sexuell belästigt. Und heute gehört sie zu den einflussreichsten Frauen.

Wie man Niederlagen überwindet:

1. Verantwortung übernehmen und zum Scheitern stehen.
2. Den Selbstwert nicht von der Niederlage abhängig machen.
3. Sich bewusst machen, dass die Welt, die uns vor allem in den Medien repräsentiert wird, nicht der Realität entspricht. Denn wir sehen nur die Erfolge, oftmals nicht das Scheitern.
4. Aktiv gestaltender Part des eigenen Lebens bleiben und sich nicht ins Schneckenhaus zurückziehen.
5. Aus dem Scheitern lernen.

Scheiternund Krisen

Im Sommer 2022 sitze ich auf dem Balkon eines Bauernhofes mitten im Schwarzwald. Dieser Ort ist unsere jährliche Zuflucht. Hier erleben unsere Kinder ihre erste, unvergessliche Sommerferienwoche, und wir arbeiten mit mehr Ruhe, mehr Schlaf und weniger Handynutzung in bester Luft, mit Quellwasser, Vogelgezwitscher und einem eifrigen Hahn, der uns jeden Morgen um vier Uhr morgens weckt. „Hier ist die Welt noch in Ordnung", denke ich jedes Mal, wenn ich mit meinem Großstadtballast auf den Hof komme und die ganze Hektik nach nur zwei Nächten von mir abfällt. Hier spüre ich nichts von meinem Alltagsstress. Hier belade ich achtsam eine Waschmaschine mit Badesachen, sehe, wie die Schwalben den ganzen Tag an mir vorbeizwitschern, und bewundere den glitzernden Sternenhimmel in der Nacht. Im Sommer 2022 ist Corona immer noch nicht vorbei, stattdessen kamen noch ein Krieg in der Ukraine, eine Inflation, eine Energiekrise und sehr viel nervöser Pessimismus in der Bevölkerung hinzu. Müde ist die Gesellschaft nach zweieinhalb Jahren voller negativer Nachrichten, Angstmeldungen und ständiger Bedrohungslage. Müde sitze auch ich in diesem Jahr auf meinem Lieblingsbalkon mitten im Schwarzwald und atme ein und aus. Erschöpft und mit dem beinah verzweifelten Wunsch, ausreichend aufzutanken, um genug Reserven für all das zu haben, was vor mir liegt, und dem ständigen Gedanken im Kopf: „Du trägst alles in dir, was du brauchst, um Krisen zu überstehen. Schwere Zeiten vergehen auch wieder. Du kannst alles schaffen. Vertraue. Sei im Jetzt."

Trotzdem: „Was für eine Zeit!", denke ich.

Die Krisen haben höchstens mal kurz Sommer-Verschnaufpause, dann geht es aber schon wieder weiter. Die Coronazeit hat Verluste, Krankheiten, Todesfälle, aber auch psychische Belastungen, Existenznöte, Zukunftssorgen und Trennungen mit sich gebracht. Jeden hat diese Krise in irgendeiner Weise betroffen und herausgefordert. Wir haben versucht, das Beste daraus zu machen, haben innovative Ideen entwickelt, haben unsere Wohnungen aufgeräumt, uns neu orientiert, Freundschaften hinterfragt und unser Leben neu priorisiert.

Und als wir gerade kurz aufatmeten, kam direkt die nächste Krise, und nun schlittern wir in einen Winter, von dem keiner zum Zeitpunkt, während ich das schreibe, weiß, was kommen wird. Und ich habe Angst, dass meine Zukunft, wie ich sie mir vorgestellt habe, scheitern könnte. Dass ich die nächste Krise nicht bewältigen kann. Dass ich nicht vorbereitet bin, nicht die richtigen Weichen stelle, die Kontrolle verlieren und dann am Ende versagen könnte.

Es ist im tiefsten Inneren die Angst, die Menschen verzweifelte Hamstereinkäufe tätigen, sich auf drohende Weltkriegsszenarien vorbereiten und keine logischen Entscheidungen treffen lässt.

In diesem Jahr ist Scheitern also kein persönlicher, selbst herbeigeführter Zustand mehr, der mir schlaflose Nächte bereitet und an dem ich zu viel „herumdenke", sondern eine Sorgenfalte, die sich auf meiner Stirn bildet. Scheitern könnte plötzlich ein ganzes Land oder sogar ganz Europa betreffen, und ich kann nichts dagegen tun.

In einer langen Krise helfen dir eine positive Einstellung, der Fokus auf das, was du beeinflussen kannst, sowie Selbstfürsorge und Struktur.

Nach Marco von Münchhausen
in „Der kleine Krisenguide“[11]

„Wenn eine Krise wie die unsrige den Glauben der Menschheit erschüttert, dass das Leben vorhersehbar und die Gesellschaft gerecht ist", so schrieb ich 2021 in einem Artikel für die Zeitschrift „Family", „besteht die dringende Notwendigkeit, die Ordnung wiederherzustellen. Wir müssen darum kämpfen zu verstehen, was verloren ist und wie man ein neues Leben aufbauen und zukünftige Tragödien verhindern kann."[12]

Jede Krise ist anders, ein allgemeingültiges Rezept, wie man solche schwierigen Zeiten durchsteht, gibt es nicht. Was sich jedoch bewährt hat, um aus einer Krise gestärkt hervorzugehen, sind Faktoren wie Akzeptanz, Optimismus, Stresskompetenz und ein stabiles, soziales Netz. Dazu gleich mehr.

Resilienz ist das Stichwort, das wir inzwischen viel zu oft gehört haben. Im Jahr 2020, als die Pandemie uns in den Lockdown zwang, war Resilienz das wichtigste Schlagwort überhaupt. Es ist ein relativ neues Wort und bedeutet einfach Widerstandsfähigkeit. Diese ist die Grundlage, um Krisen und Täler im Leben gut meistern zu können.

Resilienz lässt sich als die innere Stärke eines Menschen verstehen, die ihn dazu befähigt, Misserfolge und Niederlagen zu bewältigen. Resiliente Menschen bleiben nicht in der Opferrolle, sondern suchen nach Lösungen und lassen sich helfen. Es gibt einige, die mit natürlicher Resilienz schon auf die Welt kommen. Alle anderen können lernen, diese Widerstandskraft zu aktivieren. Aber dazu im nächsten Kapitel mehr.

Bei der Recherche zu diesem Buch stieß ich auf den

Sprecher und Buchautor Marc Wallert.[13] Dieser war im Jahr 2000 von der islamistischen Rebellengruppe Abu Sayyaf von seinem entspannten Urlaubsort entführt worden, um Lösegeld zu erpressen. Er und 20 andere Geiseln landeten vor der südphilippinischen Insel Jolo. Marc konnte seine Situation relativ schnell akzeptieren und versuchte sich an einem realistischen Optimismus, also der Hoffnung auf eine gute Zukunft, ohne den Realismus für das jetzige Sein zu verlieren. Wie gut er mit der Situation zurechtkam, hing von seiner Stresskompetenz ab. Dauerhaft zu viel Stress zu haben, ist nicht gesund. Doch zu wenig Stress kann in so einer Situation ebenfalls gefährlich werden, da es einen träge und unachtsam für Gefahren werden lässt. Marc Wallert fand eine weitere Möglichkeit, mit der Situation umzugehen, in seiner Selbstwirksamkeit. Dieses Wort bedeutet grob erklärt, dass man in sich die Überzeugung trägt, in der Lage zu sein, herausfordernde Situationen meistern zu können. Er kam aus eigener Kraft zu einer Rolle, die ihm half, durch die Krise zu kommen. Er half seiner Mutter, die ebenfalls unter den Geiseln war, durch diese Zeit hindurch und kümmerte sich um sie. Damit hatte er eine Aufgabe. Nach viereinhalb Monaten kamen er und alle anderen unter dramatischen Umständen endlich frei.

Marc Wallert hat für sich sieben Resilienzfaktoren gefunden, die ihm besonders geholfen haben: Akzeptanz, Optimismus, Stresskompetenz, Selbstwirksamkeit, soziale Unterstützung und Fitness sowie Disziplin.

Nicht immer so dramatisch, aber auch im Alltäglichen erproben wir unsere Krisenfestigkeit, Stresskompetenz und Resilienz. Dieses Jahr waren wir zum wiederholten Mal in Tirol im Familienurlaub. Unsere Kinder sind nicht sehr beglückt, wenn sie das Wort „wandern“ aus unserem Mund hören, sodass wir immer nur Kinderwanderwege vorschlagen oder sogar mit der Seilbahn hochfahren, dort auf einer Alm etwas herumlaufen und dann wieder mit der Seilbahn herunterfahren. In Tirol gibt es aber einen ganz beschaulichen Kinderwanderweg, der sich mit vielen Stationen rund um den Berg schlängelt. Vor einigen Jahren wanderten wir ihn bergauf. In einem Waldstück ging es los und unsere Kinder waren begeistert. Mitten im Wald – der Himmel war schon seit 30 Minuten nicht mehr zu sehen, so dicht und hoch waren die Bäume – begann es zu regnen. Wir zogen unsere Regenjacken an und gingen weiter. Irgendwann musste der Weg ja zu Ende sein. Dann begann der Himmel zu grollen. Erst dumpf, dann lauter und schließlich zuckte der erste Blitz über den Himmel. Wir wurden immer schneller, aber der Wanderweg nahm kein Ende. Mit unserer jüngsten Tochter auf dem Arm, einem leeren Kinderwagen vor mir und zwei kleinen vorausdüsenden Grundschulkindern rannten wir, so schnell es eben ging, durch den Wald. Dann sahen mein Mann und ich uns an und beschlossen in der gleichen Sekunde: Wir müssen von diesem Berg herunter! Rechts von uns lag der Berghang, vor uns eine wilde Almwiese. Wir entschieden uns spontan und rannten den Berg rechts von uns hinunter. Mit Kinderwagen und so schnell es eben ging, ohne sich die Knöchel zu brechen. Ich betete die ganze Zeit, dass uns kein Blitz treffen möge. Komplett durchnässt landeten wir schließlich in einer Almhütte, kauften von unserem letzten Bargeld (Kartenzahlung – wie hätte es auch anders sein sollen – war natürlich nicht möglich) Kaiserschmarrn und heiße Schokolade und waren erleichtert. Kein Blitz hatte uns getroffen!

Drei Jahre später entschieden wir uns, die zweite Hälfte des damals abrupt abgebrochenen Wanderweges nochmals in Angriff nehmen zu wollen. Wir wanderten in der heißen Sonne über schöne Wiesen und waren glücklich über Sonnencreme und über jeden Schattenplatz, den wir finden konnten. In einem kleinen Waldstück war ein schöner Barfußpfad angelegt. Wir picknickten hier, genossen die Ruhe und Kühle des Waldes. Erst einige Zeit später zogen wir unsere Schuhe wieder an und traten aus dem Waldstück hinaus. Der Himmel war rabenschwarz. Mein Mann und ich sahen uns an. Schon wieder! Unsere beiden großen Kinder konnten sich auch noch erinnern und wir begannen, schnellen Schrittes weiterzugehen. Die nächsten Kinder-Spielstationen ließen wir aus, nur bei den Kühen, die am Wegesrand grasten, mussten wir ein kurzes Foto machen. Plötzlich kam der kalte Wind. Ein sehr starker Wind. Und dann ein Donnergrollen. Die Wolken wurden immer schwärzer und kamen immer näher. Wir wurden schneller. Unser Kindergartenkind sagte: „Ich kann nur noch eine Minute laufen, dann kann ich nicht mehr!" Ich erwiderte: „Denk an deine Superheldin im Fernsehen, du erlebst jetzt ein Abenteuer. Du schaffst das!" Der Wind schob uns vor sich her vom Berg herunter. Wenn der Weg es zuließ, rannten wir. Mein Mann und ich angespannt und sorgenvoll in den Himmel blickend, die Kinder singend, um die Angst von sich wegzuschieben. Rechtzeitig kamen wir am Auto an und waren erleichtert. Nur wenige Sekunden später begann es zu gewittern.

Resilienz können wir!

Noch am selben Tag entschieden mein Mann und ich uns am späten Nachmittag dazu, noch etwas Zeit allein verbringen zu wollen. Unsere Kinder wollten im Kidsclub unseres Familienhotels spielen, und wir beschlossen, noch einmal Sessellift zu fahren, da wir ohnehin Tageskarten hatten und der Himmel wieder aufgeklart hatte. Der Berg war direkt neben dem Hotel. Ich trug nur Schlappen, wir nahmen auch kein Wasser, keine Sonnenhüte oder Jacken mit, sondern gingen einfach los. Oben auf dem Berg gingen wir etwas spazieren und wollten rechtzeitig wieder bergab fahren. 16:30 Uhr fuhr die letzte Bergbahn. Wir standen pünktlich am Sessellift und fuhren gemütlich bergab. Um 16:32 Uhr stoppte die Bahn. Feierabend. Glücklicherweise konnten wir das Häuschen mit den Menschen, die für den Sessellift zuständig waren, schon erkennen. Wir waren schon ziemlich weit unten. Kurz rasten meine Gedanken: „Sind die Kinder sicher? Haben sie einen Zimmerschlüssel? Der Kidsclub geht auch mit den Kindern gemeinsam abendessen, wenn sie nicht rechtzeitig abgeholt werden, ergo: Sie werden nicht verhungern. Haben unsere Handys noch genügend Akku? Wen muss man anrufen, wenn man vom Lift gerettet werden muss? Die Polizei oder die Feuerwehr?“

Nachdem ich alle Antworten auf meine Fragen gefunden hatte und beruhigt aufatmen konnte, blickte ich zu meinem Mann. Der saß seelenruhig neben mir, streckte seine Arme aus, blinzelte in die Sonne, wackelte mit den Beinen und sagte: „Na dann", und zuckte entspannt mit den Achseln. „Ändern können wir die Situation eh nicht. Es lohnt nicht, sich aufzuregen." „Die Sesselliftbetreiber sind bestimmt noch nicht nach Hause gegangen", meinte ich zuversichtlich. „Bestimmt nicht. Und wir sind weit genug unten; sie werden uns sehen. Gott sei Dank sind wir schon so weit unten." Wir warteten. Es war, nachdem ich mir keine Sorgen mehr um meine Kinder machen musste, tatsächlich ein ungewöhnliches, kleines Abenteuer. Nach etwa zehn Minuten kam tatsächlich ein Mann aus dem Sessellift-Häuschen heraus. Und ging plötzlich wieder hinein. Im nächsten Moment raste der Lift mit hoher Geschwindigkeit los und brachte uns nach unten. Die Betreiber entschuldigten sich bei uns und wir lachten. Es war gut gegangen! Meine Nerven und auch meine Seele waren resilient geblieben.

Wie kommen wir durch schwierige Momente in unserem Leben hindurch? Wie bleiben wir in Krisen resilient? Wie schaffen wir es, nicht durchzudrehen?

Wenn man mitten in der Krise steckt, mag man es kaum glauben, aber es gibt Strategien, die einem dabei helfen, dramatische und herausfordernde Lebenssituationen in den Griff zu bekommen. Dramatischere, als unsere sehr gut ausgegangenen, kleinen Bergabenteuer.

Resilient zu handeln, bedeutet nicht, dass man keinerlei Stress empfindet, aber dass man seine Gedanken ordnet und nicht emotional reagiert, sondern lösungsorientiert. Resiliente Menschen beschuldigen sich nicht gegenseitig. Sie verstricken sich nicht in Diskussionen und Streit.

Meine fünf Faktoren,
welche die Widerstandskraft stärken:

1. Gute Beziehungen – Menschen, die einem im Leben zur Seite stehen.
2. Eine optimistische Grundhaltung, die einem dabei hilft, Gedanken auf positive Dinge zu lenken und nach Chancen und Lösungen Ausschau zu halten.
3. Eine sinnvolle und erfüllende Arbeit.
4. Die Fähigkeit, Sinn zu finden, sowohl im Leben als auch in der Krise.
5. Der Glaube daran, nicht nur ein hilfloses Opfer der Umstände zu sein, sondern Selbstwirksamkeit zu erleben.

Wenn wir unseren Widerstand gegen die Krise und die widrigen Lebensumstände aufgeben, haben wir mehr Energie, um sie zu bewältigen. In Krisen greifen wir auf unsere inneren Ressourcen zurück. Wenn wir wissen, welche Qualitäten wir in uns tragen, können wir schneller wieder handlungsfähig werden. Zusätzlich können uns hoffnungsvolle Gedanken helfen, schneller wieder aufzustehen. Gedanken wie „Ich werde das niemals schaffen!" oder „Es ist aussichtslos!" bringen uns zur Verzweiflung und führen nur noch tiefer in den Krisenmodus. Sind wir stolz auf die Dinge, die wir schon erreicht haben im Leben, stärken wir damit unser Selbstwertgefühl und unsere positive Grundeinstellung.

Allzu oft neigen wir dazu, Misserfolge und Krisen schnellstmöglich zu verdrängen, und wollen sie am liebsten vergessen. Allerdings verschenken wir damit einen großen Schatz an Lebenserfahrung. Besser wäre es, sich zu fragen: „Welche Krisen habe ich bereits überwunden? Was habe ich aus ihnen gelernt?" Das schenkt Zuversicht für alle Hürden, die noch kommen.

Zuversicht tragen wir in der Regel seit unserer Kindheit in uns. Sie wird nur im Laufe unseres Lebens immer mehr von unseren Sorgen zugeschüttet und muss bewusst wieder neu „ausgegraben" werden. Wenn wir Herausforderungen erfolgreich gemeistert haben und erleben, dass wir Probleme lösen können, dann wird aus dem Zuversichtsgefühl eine Überzeugung und schließlich eine Rüstung für Krisenzeiten. Zuversicht kann darin liegen, dass wir auf Gott vertrauen und wissen, dass er unser Leben in seiner Hand hält. Zuversicht kann aber auch aus den verschiedensten Lebenserfahrungen und der Gewissheit der inneren Stärke resultieren. Die Autorin Anastasia Umrik hat in einem Interview in der Zeitschrift „Brigitte" gesagt, dass es in jedem von uns einen Ort der Stille gibt, den wir finden können.[14] An diesem friedlichen Ort ist die Zuversicht zu Hause.

Krisen bringen aber nun einmal enorme Stresssituationen mit sich. Dabei gibt es nicht nur die Pandemie, die als große Krise viele Schwierigkeiten mit sich gebracht, oder der Krieg in der Ukraine, der Sorgenfalten verstärkt und Zukunftsängste ausgelöst hat. Es sind auch kleinere Alltagskrisen, auch das Scheitern im familiären Miteinander, in den eigenen Wertvorstellungen oder im Beruf, die Stress auslösen und verstärken. Deswegen stellen sich die Fragen: Wie können wir leben, ohne durchzudrehen? Wie können wir durch Krisen gehen, ohne das Gefühl zu bekommen, diese nicht bewältigen zu können?

Der Autor Ralf Senftleben gibt in seinem Buch „Die Kunst, in schwierigen Zeiten nicht durchzudrehen" viele gute Tipps dazu. Sein Buch war im zweiten oder dritten Lockdown (so genau weiß ich das nicht mehr) mein fester Begleiter bei meinen regelmäßigen Spazierrunden. Ich nahm mir damals vor, mich nicht mehr so sehr mit den Dingen zu beschäftigen, die ich als Missstände wahrnahm, gegen die ich aber nichts tun konnte. Missstände, die wir beeinflussen können, sollten wir unbedingt aus dem Weg räumen, aber wegen Dingen, gegen die wir nichts tun können, regen wir uns nur unnötig auf, meint Senftleben. Es bringt uns nicht voran im Leben und ist verschwendete Energie. Wir sollten uns um Dinge kümmern, die wir wirklich verändern können. In der großen, weltweiten Krise nahm ich mir deshalb vor, mich auf meinen eigenen kleinen Kosmos zu konzentrieren. Lieber dort zu helfen, wo ich tatsächlich etwas verändern konnte, als auf die großen Missstände der Welt zu schauen, gegen die ich sowieso nichts in der Hand hatte.

Auch erkannte ich, dass ich durchdrehen würde, wenn ich permanent zu viel im Blick habe, meine Ansprüche, die ich an mich selbst stelle, zu hoch sind, ich zu viele offene Projekte habe und zu wenig „Nein" sage. Der Autor Ralf Senftleben fragte mich per Hörbuch an einem sonnigen, kalten Tag im Park:

Wie hoch ist dein Grad an Auslastung? Für welche Bereiche bist du verantwortlich? Welche Pflichten hast du? Eine gefühlt nie endende Aufgabenliste löst Stress und Druck aus, und wenn du weniger Energie zur Verfügung hast als Aufgaben auf der To-do-Liste, dann brennst du aus.

In meinen großen Krisen im Leben erkannte ich immer wieder, wie wichtig es ist, Dinge, die mir Sorgen bereiten, im Gebet an Gott heranzutragen und dabei loszulassen. Ich schrieb mir auf, was mich belastete, und führte gleichzeitig ein Dankbarkeitstagebuch, in dem ich mir jeden Tag aufschrieb, für was ich dankbar sein konnte. Ich lernte außerdem Achtsamkeitsübungen und achtete immer auf ausreichend Bewegung. Durch die Kombination all dieser verschiedenen Herangehensweisen wuchs in mir eine positive und hoffnungsvolle Perspektive.

Und die Hoffnung ist es, die uns am Leben hält. Wie kostbar ist es, dass wir unsere Ängste bei Jesus abgeben können? Das schenkt wahre Freiheit.

Folgendes Zitat wird dem Kirchenvater Augustinus zugeschrieben: „Hoffnung hat zwei schöne Töchter. Sie heißen Wut und Mut. Wut darüber, dass die Dinge so sind, wie wir sie sehen. Mut, um sie so umzugestalten, wie sie sein sollten."

Fünf Möglichkeiten,
um mentale Stärke zu entwickeln:

Körperliche Aktivität

Fasten

Meditation, Gebet, fünf Minuten

Stille am Tag

Sich seinen Ängsten stellen

Kalt duschen

Scheitern und Dating

Ich bin ziemlich froh darüber, dass ich in meinem Leben bisher keine Dating-Apps ausprobieren musste und mir dadurch Dutzende Blind Dates erspart geblieben sind. Als ich meinen Mann kennengelernt habe, gab es noch nicht einmal WhatsApp. Skype und Facebook waren nur im WLAN zu Hause verfügbar, ansonsten schrieben wir uns gegenseitig SMS. Dabei ist das noch gar nicht so lange her!

Dieses Kapitel über Dating zu schreiben, war mir ein wichtiges Anliegen, weil ich selbst so gerne Geschichten darüber höre.

Eine wunderschöne Erinnerung habe ich an einige nächtliche Dates mit 18 Jahren mit einem damaligen Studenten, der, ebenso wie ich, eine Nachteule war. Wir gingen spazieren, tranken Wein am Strand, aßen Chips im Feld, gingen im Mondschein schwimmen und redeten über Gott und die Welt. Manchmal die ganze Nacht hindurch. Ich fand ihn toll und er mich auch. Leider brach ich ihm das Herz und schämte mich dafür.

In meinen Zwanzigern traf ich bei einem Kindersportprogramm einen Mann, der dort als Trainer arbeitete. Ich sah ihn an, und mein Herz setzte kurz aus, so gut sah er aus. Es knisterte zwischen uns und ich steckte ihm meine

Nummer zu. Wir trafen uns, gingen spazieren, kochten gemeinsam, oder er spielte mir auf der Gitarre etwas vor. Wir gingen tanzen, küssten uns und ich war kurz davor, mich zu verknallen. Ein Musiker, der auch noch Sportler war? Mein Teenager-Ich war begeistert. Doch er ging wieder respektvoll aus meinem Leben und ließ mich sehr traurig zurück.

Ich könnte sehr viele Geschichten darüber erzählen, wie entweder ich oder die andere Person das Dating abbrachen, es nie zustande kam oder eine Liebesbeziehung wieder endete. Doch so unschön sich diese Enttäuschungen auch anfühlten, bin ich mehr als dankbar, dass sie mich zu meinem heutigen Lieblingsmenschen führten.

Und selbst wenn wir die große Liebe gefunden haben, geht es bekanntlich nicht nur rosarot bis zum Lebensende weiter, sonst würden Beziehungen und Ehen nicht doch leider manchmal auch wieder auseinandergehen. Liebe ist wunderschön, kann aber auch wehtun. Wenn wir lieben, machen wir uns verletzlich, öffnen unser Herz ganz weit und haben oft unglaubliche Angst davor, enttäuscht zu werden.

Je älter wir werden, desto vorsichtiger werden wir oft, wollen uns beschützen, werden ängstlich und verlieren manchmal vielleicht sogar gänzlich den Glauben an ewige Liebe. Und doch wagen viele von uns es immer wieder. Es ist illusorisch zu glauben, der Mensch, den wir in unser Leben lassen, für den wir unser kostbares Herz öffnen, würde uns niemals wehtun. Der Mix aus unverarbeiteten Kindheitstraumata, Charakterschwächen und menschlichem Zusammenleben bietet viel Verletzungspotenzial. Wir scheitern definitiv daran, eine immer perfekte Partnerschaft zu führen, und werden unseren eigenen Ansprüchen oft nicht gerecht. Aber Liebe hat das Potenzial, zu vergeben, zu halten und zu heilen. Sie kann sehr viel überwinden und aushalten. Die Liebe kann uns dabei helfen, uns in eine bessere Version von uns selbst zu verwandeln. Sie kann uns zu besseren Menschen machen, wenn wir den Schmerz, den Verletzungen mit sich bringen, zulassen, ihm nicht ausweichen, bereit sind, an uns zu arbeiten, und zulassen, dass die Liebe uns verändert.

Wenn eine Datingphase zu einer Liebesbeziehung führt, ist das der erste Schritt zu einem gemeinsamen Wir, in dem viel Kraft und Potenzial für Scheitern, Vergebung und Heilung steckt.

„Misserfolge sind Wegweiser auf dem Weg zum Erfolg.“

nach C. S. Lewis

Scheitern und Freundschaft

In meiner Kindheit wohnte ich eine lange Zeit als Einzelkind mit meinen Eltern in einem kleinen, weißen Reihenhaus. Meine Mutter ließ mit ihrem liebevollen Blick fürs Detail Sprossenfenster einsetzen, kaufte in den 90er-Jahren ihre erste dunkelgrüne Küche vom Möbelschweden, und ich bewunderte die weißen Knäufe, die aussahen wie Blumen mit einem goldenen Punkt in der Mitte. Unser Garten war wild und bot allerlei Verstecke. Ich liebte, was meine Eltern aus dem alten Haus machten. Doch es war nicht nur das Haus, sondern auch die kleine Siedlung, in der wir lebten, die meine Kindheitserinnerungen in ein Bullerbü-ähnliches Licht taucht. In unserer Straße lebten viele Familien. Alles war so eng und klein, dass Autos nur langsam fahren konnten, und wenn sie überhaupt fuhren, dann waren es die Nachbarn und Eltern unserer Freunde. Wir spielten Ball auf der Straße, fuhren Inline-Skates und spielten Verstecken.

Meine beste Freundin hieß Karo.* Wir spielten, sooft wir konnten, gemeinsam mit unseren Puppen. Ich war eine fantastische Puppenmama. Jeden Tag zog ich meinen Puppenkindern passende Kleidung und abends Nachtzeug an.

---

* Name geändert

Ich kämmte sie, gab ihnen zu essen und kümmerte mich darum, dass sie zur Schule gingen. Oft spielten wir auch bei Karo zu Hause. Meine Lieblingspuppe hatte ich nach meinem damaligen Lieblingsbuch, nämlich Heidi, benannt. Heidi und ich saßen bei Karo im Garten an einem Holztisch und führten die Hände unserer Puppen über selbst gebastelte Schulhefte. Es war eine wunderbare Idylle.

Mit zwölf Jahren wollte ich aber nicht mehr mit Puppen spielen, und mit 13 war ich so pubertär, dass ich mit Karo, die etwas jünger war als ich, gar nicht mehr spielen wollte. Wir besuchten die gleiche Schule, doch an einem Tag, als sie aus ihrem Klassenzimmer kam und mich begrüßte, tat ich so, als wären wir nur lose Bekannte. Ich wollte cool sein und hatte Angst, dass sie jemandem erzählen könnte, dass ich lange mit ihr gemeinsam Puppen gespielt hatte. Ich sah ihren irritierten, verletzten Blick und mein Herz schmerzte. Ich hatte sie so gern, aber nun hatte ich sie verraten.

Die Schuld wog schwer, ich schämte mich entsetzlich. So sehr, dass ich mich ab diesem Zeitpunkt nicht mehr traute, jemals wieder zu ihr nach Hause zu gehen, mich bei ihr zu entschuldigen oder ihr zu sagen, wie wertvoll ihre Freundschaft für mich war.

Einen Tag nachdem ich diese Zeilen über Karo geschrieben und mir überlegt hatte, wie ich mich wohl einmal entschuldigen könnte bei ihr, brachte ich morgens unsere jüngste Tochter in den Kindergarten. Wir waren spät dran. Ich gab ihr einen Kuss, umarmte sie und brachte sie in ihre Vorschulgruppe. Als ich aus dem Kindergarten trat, hatte es gerade angefangen zu regnen. Ich stieg ins Auto und versuchte auszuparken. Es war schwer möglich, da mich überall Autos zugeparkt hatten. Schließlich schaffte ich es aus der Parkbucht heraus und in diesem Moment lief eine Frau mit einem Kleinkind auf dem Arm vor mir vorbei. Ich starrte sie an. Es war Karo! Ich machte das Autofenster auf und fuhr zurück auf den Parkplatz. „Karo!", rief ich. „Priska!", sagte sie. Ich stieg aus und wir umarmten uns. Wir hatten tatsächlich unsere Kinder im selben Kindergarten, und wären wir nicht zu ebendiesem Zeitpunkt an dieser Stelle gewesen, hätten wir das vielleicht niemals mitbekommen. Von verstecktem Groll war bei ihr keine Spur. Dass ich sie, wenige Stunden nachdem ich diese Zeilen getippt hatte, morgens nach so vielen Jahren treffen durfte, fühlt sich nicht nach Zufall an, sondern nach einem göttlichen Fingerzeig im eigenen Leben, der mitten in die noch unverheilte kleine Herzenswunde zeigt. Die Wunde davon, dass ich Karo womöglich verletzt haben könnte.

Während ich mitten im Leben stehe, einen Familienalltag mit drei Kindern bewältige, arbeite, versuche, noch Sport zu machen sowie Hobbys, Elternabende und meine Ehe unter einen Hut zu bringen – neben alldem versuche ich auch, mein Sozialleben in den Griff zu bekommen. Und da ich niemanden enttäuschen will, bin ich permanent dabei zu versuchen, die beste Freundin zu sein. Und ich bin mir sicher: Das gelingt mir nicht. Ich bin angewiesen auf Vergebung, Großherzigkeit, Verständnis und Liebe. Mein Freundeskreis wird immer kleiner, weil ich Menschen enttäusche, weil ich es nicht allen recht machen kann, mir selbst treu sein möchte und auf mich achten muss, bevor ich auf alle anderen achte. Es ist der Versuch, in meinen Mittdreißigern allen Lebensbereichen gleichsam gerecht zu werden. Und natürlich schafft man das nicht immer. Natürlich vergesse ich so manches, versage in kleinen Dingen und habe im vergangenen Jahr festgestellt, dass ich zwei Freundinnen, die ich seit meiner Schulzeit zu meinem Freundeskreis zähle, seit der Schulzeit nicht mehr zum Geburtstag gratuliert habe. Warum? Sie standen nicht im Geburtstagskalender, und es ist mir in meinem vollen, lauten und schnellen Alltag nie aufgefallen. Dafür schämte ich mich sehr und war dankbar, dass die beiden nur gelacht und sich gefreut haben, als ich es in diesem Jahr nicht vergaß.

Freundschaft ist im Wandel, und wir haben immer einige wenige Seelenfreundschaften, die vielleicht für immer bleiben, und viele Freunde, die für eine bestimmte Zeit unser Leben betreten, zum Beispiel Studienfreunde, Arbeitskollegen oder Freunde aus dem Sportverein. Diese Freundschaften sind nicht weniger wertvoll, aber wir dürfen uns frei machen davon, dass wir für all diese Menschen immer tolle Freunde sein können. Es ist schlichtweg nicht möglich, dies ohne Fehler über viele Jahre hinweg zu schaffen.

Es ist mir in meinem Leben oft schwergefallen, Liebe anzunehmen, und das, ohne eine Gegenleistung dafür zu geben. Von Freunden einfach geliebt zu werden. Als ich mit 26 Jahren nach meiner Trennung allein eine neue Wohnung bezog, bekam ich alle Möbel von Freunden, die auswandern wollten. Ich holte sie in Süddeutschland ab und kam um Mitternacht in meiner neuen Wohnung an. Dort warteten einige Freunde auf mich, und obwohl sie am nächsten Tag arbeiten mussten, schleppten sie mitten in der Nacht alle Möbel bis ins Dachgeschoss hinauf. Es war ein purer Liebesakt. Ich erfuhr Liebe, die einfach so da war. Inmitten eines Lebenstals, wenn man das Gefühl hat, dass alles brachliegt und man neu anfangen muss.

Bei wahren, echten Freunden gibt es Vergebung und Liebe angesichts von Scheitern und Versagen.

„Mitten im Winter wurde mir endlich bewusst, dass in mir ein unbesiegbarer Sommer wohnt.“

Albert Camus[15]

Scheitern und Reue

Bereuen ist ein Begriff, der irgendwie aus der Mode gekommen ist. Viel lieber sagen wir: „Schon okay“, „Ich kann es eh nicht mehr ändern“ oder „Es ist, wie es ist“. Diese Sätze offenbaren den Wunsch, das Gefühl von Reue zu vermeiden und sich nicht damit auseinandersetzen zu müssen.

Reue ist das Gefühl von Unzufriedenheit über das eigene fehlerhafte Handeln und dem Bedauern darüber. Es entsteht aus einem Schuldgefühl heraus und beinhaltet den Wunsch, dass man etwas vielleicht besser nicht hätte tun sollen. Der Ausdruck Reue kommt aus dem Althochdeutschen und bedeutet eigentlich Schmerz. Als Christen glauben und erfahren wir, wie viel leichter wir uns fühlen, wenn wir für unsere Schuld Vergebung erfahren und uns damit die Gnade Gottes zuteilwird.

Auch ich bereue Dinge in meinem Leben. Nicht so sehr mein Nasenpiercing oder modische Fehlpässe, sondern vielmehr, zu oft nicht den Mut gehabt zu haben, für mich einzutreten. Zu oft die Meinung und Vorstellung anderer Menschen mir gegenüber über meine eigenen Wünsche gestellt zu haben, um zu gefallen, Konflikten aus dem Weg zu gehen und Harmonie zu wahren. Zu oft habe ich mich verbogen, zu oft entgegen meinen Werten gehandelt und bin zu selten für meine Überzeugungen eingestanden. Viel zu oft war ich feige. Wenn ich jetzt auf mein Leben blicke, wünsche ich mir vor allem, dass ich später nicht bereue, etwas nicht getan zu haben.

Denn oftmals bereuen wir auch Dinge, die wir nicht oder zu wenig getan haben. Beispielsweise mit unseren Kindern zu wenig Zeit verbracht, den Job nicht gewechselt oder die Reise nicht gemacht zu haben. Reue verblasst im Laufe der Jahre, aber wie auch bei Trauer kann sie schmerzen wie am Anfang oder sich in Sehnsucht nach einem anderen Leben äußern.

Reue verläuft in drei Phasen, wie der Redakteur Nils Warkentin auf der Website „Karrierebibel.de“ schreibt[16]: Man muss sich selbst gegenüber ehrlich sein, dass man einen Fehler gemacht hat. Dieser Erkenntnis folgt das Bedauern und danach kann man nach Lösungen suchen, um das Geschehene wiedergutzumachen, sofern das möglich ist. Am Schluss steht die Vergebung sich selbst gegenüber.

Was Menschen auf dem Sterbebett bereuen:

„Ich wünschte, ich hätte den Mut gehabt, mein Leben nach meinen Vorstellungen zu leben und nicht nach den Vorstellungen anderer."

„Ich wünschte, ich hätte nicht so viel gearbeitet."

„Ich wünschte, ich hätte den Mut gehabt, meine Gefühle auszudrücken."

„Ich wünschte, ich hätte mir erlaubt, glücklicher zu sein."

„Ich wünschte, ich hätte den Kontakt zu meinen Freunden gepflegt."

Nach Thomas Sjödin[17]

Scheitern und Chancen

Ich trage einen Schleier vor meinen Augen, als sich die Türen der Kirche öffnen und ich an der Hand meines Vaters zum Altar schreite. Neun Jahre später trage ich wieder einen Schleier, diesmal allerdings nicht vor den Augen, weil sich die Mode zwischenzeitlich geändert hat. Ich trage auch keine langen Satinhandschuhe mehr, sondern ein rückenfreies Kleid. Mein Vater steht neben mir und führt mich noch einmal zum Altar. Zu meinem zweiten Mann. Diesmal ist es keine klassische, altmodische Übergabe der Braut, sondern eine öffentliche Rückenstärkung meiner Lebensentscheidung seinerseits.

Niemals habe ich gedacht, dass ich zweimal heiraten würde. Niemals habe ich erwartet, dass sich diese Entscheidung einmal so gut anfühlen und ich tiefstes Verständnis für alle haben würde, die sogar noch öfter zum Traualtar schreiten. Wenn man heiratet, heiratet man in der Regel mit der tiefen Überzeugung und der festen Entscheidung, bis zum Lebensende zusammenbleiben zu wollen. Man ist voller Optimismus, schwelgt in Glücksgefühlen, ist sich seiner Entscheidung völlig sicher, und man verspricht sich, auch in schlechten Zeiten zusammen zu sein. Und dann schlägt das Leben zu. Mit voller Breitseite.

Voller Unzulänglichkeiten aufgrund unserer Kindheitstraumata, unserer charakterlichen Fehler oder unserer Entwicklung, die man niemals vorhersehen konnte, landen wir in der Realität unserer Beziehung, die sich manchmal sehr finster anfühlen kann. Manchmal schaffen wir es dann nicht. Manchmal sind zu viele Tränen geflossen, zu viel Kummer und Schmerz ausgehalten und zu viele böse Worte ausgesprochen worden, und man muss feststellen: Menschliche Liebe, im Gegensatz zur göttlichen, erträgt manchmal nicht alles. Liebe ist wandelbar, sie kann verkümmern und manchmal tatsächlich enden.

Die Chefredakteurin einer Zeitschrift für junge Erwachsene bat mich viele Jahre später, eine Reihe über Paare zu schreiben, die durch Krisen gegangen sind und trotzdem an ihrer Ehe festgehalten haben. Die Reihe sollte als Inspiration und Hoffnungsanker dienen, damit wir doch noch an die große, ewige Liebe glauben könnten. Eines der Paare, die mir dabei in Erinnerung blieben, waren Anna und Eugen. Und zwar wegen ihrer radikalen Selbstreflexion und Ehrlichkeit. Beide waren noch sehr jung, als sie heirateten. Aufgrund ihrer kulturellen und familiären Prägung waren die Rollen in der Familie klar festgelegt. Als Kinder kamen, ging Eugen arbeiten, während Anna sich um die Kinder kümmerte. Doch es waren nicht die offensichtlichen Rollen, die nach und nach zu einem Bruch der Paarbeziehung führten. Eugen hatte gelernt, dass ein Mann keine Emotionen zeigen darf, hart und stark sein muss und die Frau ihm unterstellt ist. Er zog sich immer weiter aus der Familie zurück und Anna fühlte sich immer einsamer.

Die Ehe der beiden wurde zu einer Hülle, in der sich immer mehr Probleme anhäuften. Als die gemeinsamen Kinder größer wurden, entschied sich Anna dazu, halbtags arbeiten zu gehen. Dort wurde ihr Chef zu ihrem Vertrauten und guten Freund und schließlich auch zu ihrem Geliebten. Als die Affäre aufflog, war Eugen am Boden zerstört. Der Schmerz schien unerträglich und er wusste nicht, wie er das verkraften sollte. Halt fand er jedoch in seinem Glauben. Für Anna und Eugen begann eine Reise, die voller Veränderung und Heilung, Vergebung und schwieriger Gespräche war. Die beiden schafften, was nicht viele schaffen: Sie kämpften sich gemeinsam durch den offensichtlichen und den nicht so offensichtlichen Schmerz. Eugen konnte Anna vergeben und erkennen, dass beide Fehler in ihrer Ehe gemacht hatten. Daraufhin änderte er sein grundsätzliches Verhalten, und aus einem harten, chauvinistischen Macho wurde ein Mann, der ihm viel mehr entsprach: sanft, freundlich, nahbar und mit der Stärke, die Fehler der Vergangenheit auch bei sich selbst zu suchen. Er kämpfte für seine Familie und Anna konnte auch ihm vergeben und an ihrer Liebe anknüpfen. Inzwischen arbeiten sie bei „free!ndeed“, einem christlichen Verein, und erzählen offen von ihrem gemeinsamen Scheitern. Sie haben es genutzt, um daraus zu lernen und Veränderung zu wagen.

Nicht immer bleiben Ehepaare nach durchlebten Krisen zusammen. Trotzdem wachsen sie im besten Fall auch nach einer Trennung an ihrem Prozess, lernen daraus und können Chancen durch den Bruch erkennen – auch wenn dieser sehr schmerzhaft sein kann.

Morgens, wenn die Kinder in der Schule sind und mein Mann unsere jüngste Tochter in den Kindergarten fährt, gönne ich mir seit der Pandemie den Luxus und setze mich nach einer Runde Pilates mit einem halben Liter Wasser oder Kaffee vor den Fernseher und schaue Frühstücksfernsehen. An einem Morgen war der Hollywoodstar Ryan Reynolds zu Gast. Seine Kernaussage lautete: „Mein Erfolg war das Scheitern." Ryan ist ziemlich bezaubernd und glücklich in zweiter Ehe verheiratet und geht schmerzhaft offen mit seiner früheren Scheidung um. Der Presse sagte er, dass jeder, der sich scheiden lässt, durch die Hölle geht, man jedoch darüber hinwegkommen kann. Er selbst habe lange um seine Ehe getrauert. Auch beruflich ging es für ihn nicht immer nur steil bergauf. Bevor er im Blockbuster „Deadpool" die Hauptrolle spielte, war er in dem Film „Green Lantern" zu sehen, der sich jedoch als großer Misserfolg entpuppte. Trotzdem diente ihm der Film zum Besten, denn am Set lernte er seine jetzige Frau kennen. Reynolds, der sich damals nicht vorstellen konnte, jemals wieder zu heiraten, führt nun eine der kitschigsten Hollywood-Beziehungen. Jeder Schmerz, jedes Leid ist individuell zu betrachten. Fakt ist aber, dass auch dem Leiden Kraft innewohnt und daraus etwas Neues, vielleicht sogar Besseres entstehen kann.

René und Sabrina Podesser kommen aus Österreich und bilden die Band „Solarjet". Ich habe sie für ein Musikerportrait interviewt. Schnell kamen wir darauf zu sprechen, dass sich in der Coronazeit ihre Band neu formieren und finden musste und René es geschafft hat, seine Ängste und

Phobien zu besiegen. Diese hatten ihn ständig daran gehindert, sich selbst als genug zu akzeptieren und das Leben in Fülle genießen zu können. Ein Gottesdienst, zu dem er eigentlich nicht gehen wollte, so erzählte er mir, sollte sein Leben schließlich verändern. Er hörte den Prediger folgenden Satz von der Bühne sagen: „Hier ist heute jemand, der nicht in den Gottesdienst gehen wollte, weil er mit Ängsten kämpft und sich fragt, ob es jemals aufhören wird. Heute bist du frei – Gott sagt dir das!“[18] René blieb zwar skeptisch, aber von diesem Moment an war er tatsächlich auf wundersame Weise frei. Die Angst schaute in den Tagen und Wochen nach diesem Gottesdienst immer mal wieder um die Ecke, aber sie fühlte sich so an, als läge sie in der Vergangenheit. „Heilsam war für mich die Erkenntnis, dass Gott Folgendes zu uns spricht: ‚Du bist willkommen, du bist gut, so, wie du bist, und Jesus befreit‘“, so erzählte mir René.[19]

Sabrina, die früher als Erziehungswissenschaftlerin an der Universität gearbeitet hat, setzte sich damals viel mit dem Begriff der Krise auseinander. Sie sagte im Gespräch, dass bis in die 60er-Jahre hinein Philosophen diesen Begriff nicht als negativ angesehen hätten. Sie hätten Schwierigkeiten als Aufforderung verstanden, etwas im Leben zu verändern, neu zu denken und umzukehren. Erst mit der Technologisierung, so sagte sie, hätte sich die Erwartungshaltung etabliert, dass das Leben immer steil nach oben gehen und Erfolge aufweisen müsse.

Wenn ich mein heutiges Leben ansehe, würde ich meinen, dass mein damaliges Scheitern in Bezug auf meine erste Ehe gar kein wirkliches Scheitern war. Schließlich habe ich mich aufgerappelt und etwas Neues, Gutes ist daraus entstanden. Ich habe die Krise als Chance genutzt und habe mir ein neues Leben aufgebaut. Im Nachhinein würde ich vielleicht sogar zurückblicken und sagen, dass alles gut war, wie es gekommen ist. Ich glaube, wenn man an diesen Punkt gekommen ist, kann man sagen, dass man die Krise überwunden hat und gestärkt daraus hervorgegangen ist.

Genau wie bei mir kann man auch in vielen anderen Scheiter-Geschichten erkennen, dass darin Kraft liegt, etwas Neues zu schaffen und etwas positiv zu verändern. Aber das trifft nicht auf jeden Menschen und jede Situation zu.

Denn es gibt Scheitern und Leid, das nicht mehr ertragbar scheint, das man auch nicht mehr schönreden und dem man nichts Positives abgewinnen kann. Wenn wir dann unseren Mitmenschen sagen, dass sie sich „zusammenreißen" sollen oder dass ihr Leid „am Ende für etwas gut" ist, dann ist das weder zielführend noch mitfühlend. Ich denke da an Hiob in der Bibel, der alles verloren hat, im Staub liegt und nicht mehr reden möchte. Seine Freunde besuchen ihn und schweigen zunächst mit ihm, halten seine Trauer aus. Es gibt nichts zu sagen, oder vielleicht fehlen ihnen auch die Worte. Doch in der Zeit danach haben sie für Hiob viele scheinbar kluge Ratschläge parat, die ihm rein gar nichts nützen – vielleicht, weil sie sich darüber Gedanken machen konnten, wie sie Hiob helfen könnten; weil sie sich selbst hilflos fühlten; irgendetwas Konstruktives tun wollten, das Hiob womöglich eine Hilfe sein könnte; oder vielleicht auch einfach, weil sie ihn belehren wollten.

In ihrer ersten Reaktion in Kapitel 2 geschieht jedoch Folgendes:

> **„Schon von weitem sahen sie ihn, aber sie erkannten ihn kaum wieder. Da brachen sie in Tränen aus, sie zerrissen ihre Kleider, schleuderten Staub in die Luft und streuten ihn sich auf den Kopf. Dann setzten sie sich zu Hiob auf den Boden. Sieben Tage und sieben Nächte saßen sie da, ohne ein Wort zu sagen, denn sie spürten, wie tief Hiobs Schmerz war."**
>
> (Hiob 2,12-13)

Manchmal kommt es so schlimm im Leben, dass uns nichts einfällt, was wir sagen könnten. Wir schweigen angesichts des immensen Schmerzes und sind fassungslos. Wir sind einfach nur da. Und manchmal ist genau dieses Verhalten das Beste, was wir machen können. Meistens sind diese Reaktionen, das Mitfühlen und Mittrauern, der stärkste Liebesbeweis.

Eine meiner schönsten Erinnerungen, als mein eigenes Leben auseinanderfiel und meine Ehe mit Mitte 20 scheiterte, war, dass ich eine meiner besten Freundinnen zu jeder Tages- und Nachtzeit anrufen konnte und sie mit ihrem Fahrrad zu mir kam, sich neben mich setzte, meinen Kopf in ihren Schoß legte und meine Haare streichelte. Wir waren dabei still, ich atmete und weinte, und sie saß einfach nur neben mir. Ihre Anwesenheit tröstete mich und gab mir Sicherheit. Ich musste nichts leisten, ich durfte nur da sein in meinem kummervollen Scheitern. Sie trug meine Schwäche, meinen Schmerz einfach mit.

Wenn man durch eigenes Verschulden einen Unfall gebaut hat, die materielle Existenz aufs Spiel gesetzt hat, fremdgegangen ist oder die eigenen Kinder nichts mehr von einem wissen wollen, kann es sein, dass das eigene Handeln nicht wiedergutzumachen und das Scheitern damit unumkehrbar ist. Die Schuldgefühle, die daraus entstehen, können das eigene Selbstwertgefühl bedeutend stören. Wenn wir durch eigene Schuld gescheitert sind, können wir uns vor Augen führen, dass Scheitern etwas zutiefst Menschliches und Normales ist und wir bei Gott Gnade finden dürfen, die uns dabei hilft, Vergebung zu empfangen.

Wie will man mit dem eigenen Scheitern umgehen? Wie mit der Schuld? Bei wem möchte ich mich entschuldigen? Und was brauche ich, um mir selbst zu verzeihen und mich selbst anzunehmen?

Sina Schröder ist Theologin und Seelsorgerin, Influencerin und Mutter. Sie schläft jede Nacht auf dem Balkon und steht auch mal gern nackt im See. Sie liebt es, Auto zu fahren, Bücher zu lesen und zu schreiben. In meinem Podcast „Immer besser scheitern“ sprach sie mit mir über Selbstvergebung. Sich selbst zu verzeihen ist das Schmerzhafteste, Schwierigste, Härteste und kann sehr lange dauern. Wir zerfleischen uns selbst, machen uns Selbstvorwürfe und können uns dann mitunter nicht einmal mehr vorstellen, dass andere Menschen oder Gott uns vergeben könnten. Ebenso wenig sind wir dann noch offen für den

Gedanken, dass wir liebenswert, geschweige denn tatsächlich gut genug sind.

Gott liebt uns bedingungslos und vergibt uns, wenn wir ihn darum bitten. In der Bibel steht in Hebräer 8, 12: „Ich vergebe ihnen ihre Schuld und denke nicht mehr an ihre Sünden." All unsere Schuld, alles, wo wir nicht richtig gehandelt haben, ist vergessen bei ihm. Auch Menschen, an denen wir schuldig geworden sind, dürfen wir um Vergebung bitten und auf Versöhnung hoffen. Manchmal ist das nicht möglich, weil die Menschen entweder nicht mehr leben oder keine Vergebungsbereitschaft zeigen. Um Frieden schließen zu können, ist Selbstvergebung demnach umso wichtiger, sogar unumgänglich. Die Psychotherapeutin Beverly Engel schreibt in „Psychology Today": „Ich bin überzeugt, dass Selbstvergebung der wirksamste Schritt ist, den Sie tun können, um sich von lähmender Scham zu befreien."[20]

Doch wie schaffen wir dieses scheinbar Unerreichbare? Die Bibel spricht nicht direkt über die Idee, sich selbst zu vergeben. Aber weil Jesus schon vergeben hat, dürfen wir annehmen, dass keine Schuld mehr auf uns lastet, und barmherzig mit uns selbst sein. Und gerade da, wo ich Vergebung erfahren habe, bin auch ich in der Lage, anderen zu vergeben, die an mir schuldig geworden sind.

Um uns selbst vergeben zu können, müssen wir uns eingestehen, dass wir niemals perfekt sein können. Wir entscheiden uns dazu, uns nicht länger klein zu machen, sondern uns selbst anzunehmen. Selbstvergebung ermöglicht uns Frieden und die Fähigkeit, mich trotz meiner Fehler anzunehmen.

Sina beschreibt ausführlich im Podcast vier Schritte, wie wir zu echter Selbstvergebung finden können. Kurz zusammengefasst ist der erste Schritt die Beichte. Jemanden zu finden, mit dem wir über unsere Schuldgefühle sprechen können und der uns zuspricht, dass wir trotz der Schuld in Ordnung und gut sind, dass Gott uns liebt und vergibt. Danach folgt eine Form der Wiedergutmachung, bei der man auf die Menschen zugeht, an denen man schuldig geworden ist, um Vergebung bittet und sich überlegt, was ein Akt der Wiedergutmachung sein könnte. Im dritten Schritt ist es wichtig, Verständnis für sich selbst zu entwickeln und sich nach vorne auszurichten. Damals hatte man vielleicht noch nicht das Wissen, um mit der Situation anders umgehen zu können, aber heute richte ich mich anders aus. Und als letzten Punkt spricht Sina das Loslassen an. Indem man negative Denkspiralen verlässt und sich auf das Gute fokussiert, lebt man nicht länger in der Vergangenheit.

Das Vergangene loszulassen ist wichtig, „denn das ständige Kreisen um die eigene Schuld und das eigene Versagen ist auch eine Form der Eitelkeit“[21], sagt sie. Sich zu lange zu sehr nur mit sich selbst zu beschäftigen, sich damit in der eigenen Schuld und im Selbstmitleid geradezu zu baden und dabei in eine Opferhaltung zu rutschen, kann sehr selbstzentriert sein. Stattdessen ist es gut, Fehler zuzugeben und sich danach auf das Gute zu fokussieren. Gott schenkt uns Gnade und Liebe. Als Christen dieses Geschenk anzunehmen, sich damit füllen zu lassen und darin zu wachsen, hilft dabei, auch gnädig mit sich selbst sein zu können.

Vier Schritte, um sich selbst zu vergeben
(nach der Theologin Sina Schröder):

Beichte

Wiedergutmachung

Verständnis für sich selbst entwickeln

Loslassen

Scheitern durch andere

Wenn wir erleben müssen, dass unsere Vorhaben scheitern, unser Leben an einen Wendepunkt kommt und wir Niederlagen einstecken müssen, weil andere Menschen daran schuld sind, können wir uns hilflos fühlen. Denn wir können scheinbar nichts dagegen tun. Wir hängen mit drin, aber wir sind nicht diejenigen, die etwas ändern können.

Das kann beispielsweise der Fall sein, wenn das Unternehmen, bei dem wir angestellt sind, insolvent geht, weil die Chefs nicht gut gewirtschaftet haben. Es kann auch sein, dass die Kirchgemeinde, in der wir Mitglied sind, eine Spaltung erlebt, weil sich die Leiter der Gemeinde über theologische Fragen zerstritten haben. Oder ein Verein, in dem wir uns engagieren, hat Gelder veruntreut, wovon wir keine Ahnung hatten. Menschen machen Fehler, und manchmal beeinflusst das unser eigenes Leben.

Groll macht krank. Es scheint uns Energie zu geben, die alten Wunden und fiesen Geschichten, wie andere an uns schuldig geworden sind, immer wieder hervorzukramen. All die Ohnmacht und den Schmerz. Auf diese Weise aber bleibt alles bei uns selbst. Uns geht es schlecht damit, die andere Person bleibt selbst unberührt. Wir denken daran, wie die andere Person uns wehgetan hat, wie sie uns verlassen hat, uns angeschrien hat, und wir fühlen uns miserabel dabei.

Und ja, vielleicht haben wir sogar ein Recht darauf, wütend zu sein. Aber die Tatsache ist folgende: Dieser fortwährende Groll füllt unser Herz mit so vielen negativen Empfindungen, dass wir uns permanent schlecht fühlen. Eva-Maria Zurhorst schreibt in ihrem Buch „Liebe dich selbst und es ist egal, wen du heiratest“: „Vergeben heißt vor allem, den eigenen inneren Frieden höher zu schätzen als den Drang, sich selbst und andere immer wieder alten Mustern und Ansprüchen zu unterwerfen. Wenn wir vergeben, dann macht uns das frei.“[22]

Zu vergeben kann man lernen. Anhaltender Groll macht krank, Verzeihen hingegen ist heilsam und ermöglicht neue Entwicklungsschritte. Wer nicht vergeben kann, verschwendet seine eigene Kraft und Zeit in Gefühle wie Hass und Wut.

Mein Vater ist beruflich Strafverteidiger. Er ist derjenige, der Mörder, Vergewaltiger und Diebe vor Gericht vertritt. Er kann in seinem täglichen Berufsleben erleben, was es bedeutet, wenn Wut überhandnimmt. Da schlägt die Wut so hohe Wellen, dass zum Messer gegriffen wird. Da ist der Schmerz so groß, dass man dem neuen Mann der Ex-Frau mit Gewalt droht. Das eigene und auch fremde Leben werden damit zerstört. Aber selbst wenn es nicht zu diesen schrecklichen Szenarien im Leben kommt, so zerstört die Unvergebenheit das eigene Leben doch subtiler und langsamer und macht es schließlich kaputt.

Wir vergeben somit auch deswegen, damit unser eigenes Leben nicht zerstört wird. Um dahin zu kommen, ist es unumgänglich, den Schmerz zuzulassen und zu betrauern. Wir müssen die Kränkung, die uns geschehen ist, wahrnehmen, beweinen und dann loslassen.

Die Gefahr kann aber auch darin liegen, all den Schmerz zu verdrängen, um ihn nicht fühlen zu müssen. Verdrängung kann zu Depression oder Verbitterung führen. Beim Vergeben geht es darum, aus der Opferrolle herauszutreten, nicht länger passiv zu sein und etwas über sich geschehen zu lassen, sondern aktiv zu entscheiden, mit ganzer Kraft den eigenen Lebensweg zu gestalten. Dann söhnt man sich mit dem eigenen Leben aus und klammert sich nicht mehr an die Vergangenheit.

Verbitterung, so schreibt Karsten Dusse in seinem großartigen Buch „Achtsam morden", ist die Summe aus vielen Enttäuschungen. Und er führt weiter aus: „Die Enttäuschung mag von außen gekommen sein. Wie lange sie in Ihnen verbleibt, bestimmen aber ausschließlich Sie selber. Wollen Sie den Gründen der Enttäuschung wirklich so viel Macht über Ihr Leben geben, dass Sie jetzt in Verbitterung leben?"[23]

Der folgende Satz, den Karsten Dusse so oder so ähnlich schreibt und der mich bewegt hat, betrifft keine Verletzungen, die uns zugefügt wurden und gegen die wir machtlos sind. Sondern er trifft auf Lappalien zu, auf Ärgernisse im Alltagsgeschehen. Er sagt in etwa, dass nur wir selbst entscheiden, was uns wirklich ärgert und kränken darf. Wir erschaffen uns unser persönliches Leid manchmal dadurch, dass die Kränkung auf unzählige unverarbeitete Wunden aus unserer Vergangenheit trifft. Der Schmerz ist gekommen, um geheilt zu werden. Es ist unsere Verantwortung, zu erkennen, dass wir an negativen Einstellungen festhalten, um den Kreislauf zu durchbrechen und nicht andere für unsere Probleme und Verletzungen verantwortlich zu machen.

Wir haben die Möglichkeit, uns für Vergebung zu entscheiden, um endlich frei zu werden. Frei von Groll, frei von Verbitterung und frei von Schmerz. Um das zu schaffen, braucht es einen Perspektivwechsel und die Bitte an Gott, diese Befreiung erleben zu dürfen.

Vergebung ist für uns selbst notwendig. Wir entscheiden uns für Vergebung, wann immer Gefühle des Grolls hochkommen. Wann immer wir uns so fühlen, als würden uns Scham und Unsicherheit überrollen, weil jemand uns übel mitspielt. Wir lassen das Verhalten der anderen Menschen los. Je öfter wir uns dafür entscheiden, desto einfacher wird es und desto öfter kommen unsere Gefühle hinterher. Wir spüren den Frieden und die Leichtigkeit, wenn Vergebung uns freisetzt.

Wir können Gott bitten, uns dabei zu helfen, in Situationen, in denen andere an uns schuldig werden, nicht bitter zu werden. Wir entscheiden uns zu vergeben, auch wenn wir uns noch nicht danach fühlen. Auch wenn wir Bitterkeit spüren, können wir erleben, frei zu werden.

Fragen, die wir uns stellen sollten:

Wer ist an mir schuldig geworden?
Welche alte Wunde zu diesem Thema wurde dadurch womöglich aufgerissen?
Wen oder welchen Schmerz muss ich lernen loszulassen?
Wem sollte ich vergeben?

Scheitern und Stress

Scheitern und die Scham darüber brachten Stress in mein Leben. Mein Nervensystem begann zu rebellieren. Der Stress ließ meine Kopfhaut kribbeln, mein Herz rasen, und als ich irgendwann Drehschwindel bekam, wusste ich, dass ich etwas ändern musste.

Eigentlich, und hier kommt die Psychologie ins Spiel, scheitern wir oft gar nicht „wirklich". Es ist unser Selbstwert beziehungsweise unser mangelndes Selbstwertgefühl, das uns glauben lässt, wir seien gescheiterte Persönlichkeiten. Es ist die Art und Weise, wie wir über uns und unser Leben denken, die uns entweder positiv oder negativ auf eine Situation schauen lässt.

Als ich mich dazu entschieden habe, als Freiberuflerin zu arbeiten, hatte ich überhaupt keine Ahnung, was auf mich zukommen würde, wie viele verschiedene Projekte und Aufgaben man bekommt und was man alles machen und beachten muss. Ich wollte für meine Kinder da sein und gleichzeitig beruflich erfolgreich sein. Mein Anspruch an mich selbst war beachtlich hoch. Auf Dauer war es gar nicht möglich, alles immer perfekt schaffen zu können, ohne nicht auch einmal Fehler zu machen oder andere enttäuschen zu müssen. Doch trotzdem – bei jedem kleinsten

Missgeschick hinterfragte ich mich immer gleich komplett. Alles, was ich theoretisch wusste, wie dass ich nie allen Menschen alles recht machen kann oder dass mein Selbstwert nicht an meine Arbeit gekoppelt ist, half nicht bei dem Schamgefühl, das mich überrollte, wenn mir ein Fehler unterlief.

Menschen reagieren unterschiedlich auf diesen Moment der Scham. Entweder sie teilen aus, schlagen um sich, suchen die Schuld bei anderen oder sie verdammen sich selbst, reiben sich daran auf und versuchen es das nächste Mal mit noch mehr Energie besser zu machen.

Der Stress, der mit Krisen, Versagen oder Schwierigkeiten einhergeht, muss aber nicht überwältigend sein.

Im Sommer habe ich mit einem Freund meines Mannes einen Podcast aufgenommen. Ken, so heißt er, ist Gesundheits- und Stresscoach und Personal Trainer. Er sprach mit mir über meine aufkommenden Stressszenarien und wie ich besser damit umgehen könnte.[24] Vor Corona hatte ich, wie eingangs beschrieben, sogar mit Drehschwindel zu kämpfen gehabt und mit einer Sauerstofftherapie mein Nervensystem zwischenzeitlich wieder regulieren können. Ken gab mir Tipps, die sich im Alltag realisieren lassen, um gut durch schwierige Zeiten zu kommen. Für ihn steht ein geregelter Tagesablauf an erster Stelle, der Rhythmus und Struktur gibt und von bewussten Auszeiten, wie einer Tasse Tee und bewussten Atemzügen, abgelöst wird.

Es war auch Ken, der mir sagte, dass ein Drehschwindel ein sehr deutliches Zeichen für Überforderung sei und ich mich mehr um meinen Körper und meine Emotionen kümmern solle und nicht nur um meinen Verstand, um mehr abfedern zu können im Alltag. Er gab mir den Rat, Überforderung und Stress bewusst wahrzunehmen und zu kommunizieren. In seinem Podcast sprach ich zum ersten Mal über diesen Moment, als ich vor der Pandemie völlig überfordert gewesen war und es mir nicht eingestehen wollte. Es war zu viel. Mein Leben war zu voll, zu laut und ich war am Limit.

Ich konnte mir nicht eingestehen, dass ich so viel arbeitete und machte, weil ich Angst hatte, nicht gut genug zu sein. Ich fürchtete mich davor, mit meinem Leben zu scheitern, meinen Platz im Leben nicht gut auszufüllen und mit dieser Scham des Scheiterns vielleicht umgehen zu müssen.

Ich hatte also massiven Stress in meinem Leben, den ich mir selbst machte, bis ich kaum noch klar denken konnte und mein Körper mir Warnzeichen gab. Doch ich konnte nicht mehr ohne Hilfe aussteigen, weil mein Nervensystem völlig überlastet war und ich auf gar keinen Fall scheitern wollte. Glücklicherweise traf ich auf kompetente Menschen, darunter eine Therapeutin, die mir halfen, meinen Selbstwert zu erkennen, und auf Trainer, die mir helfen konnten, mein Nervensystem zu regulieren.

Mögliche Strategien,
um das Nervensystem zu entlasten:

- **Achtsam im Moment bleiben. Jetzt ist jetzt. Jetzt spiele ich mit meinen Kindern. Morgen arbeite ich und beschäftige mich mit dem Problem.**
- **Auf persönliche Frühwarnsysteme achten, wie beispielsweise Kopfschmerzen.**
- **Ausruhen und Schlafen sind neben Sport wichtige Helfer.**
- **Ausreichend Wasser trinken.**

„Ich mag Schwächen und fühle mich wohler, wenn ich von Menschen mit Schwächen umgeben bin. Ich bestehe nämlich selbst nur aus Schwächen, die von guten Absichten zusammengehalten werden.“

Augusten Burroughs (frei übersetzt)[25]

Scheitern und Verletzlichkeit

Perfektionisten sind nie perfekt, schon deshalb nicht, weil es keinen Maßstab dafür gibt, was perfekt ist und was nicht, und weil es immer jemanden gibt, der es noch besser macht als man selbst. Und man selbst könnte es natürlich auch immer irgendwie noch besser machen. Perfektion existiert demnach nicht, und trotzdem versuchen viele Menschen krampfhaft, so perfekt wie möglich zu sein.

Unsere Verletzlichkeit ist etwas, das wir gerne verstecken, weil sie sich nicht gut anfühlt. Ich erinnere mich an viele Situationen in meiner Schulzeit, in denen mein mangelndes Selbstbewusstsein dazu führte, dass ich rot anlief. Manchmal wurde mein Gesicht sogar dunkelrot, wenn ich im Mittelpunkt stand und etwas falsch machte. Ich erinnere mich nur zu gut daran, wie meine damalige Französischlehrerin mich einen Text vorlesen ließ, in dem ich immer wieder über dieselben Worte stolperte und mich verhaspelte. Sie ließ nicht locker. Ich musste ihn immer und immer wieder lesen. Ich schämte mich in Grund und Boden. Alle meine Klassenkameraden schienen mich anzustarren. Aufgrund meiner Unsicherheit schaffte ich es auch nach dem dritten Mal nicht, den Text fehlerfrei vorzutragen, sodass meine Lehrerin mit einem abwertenden

Kommentar von mir abließ. Ich schämte mich für meine Unfähigkeit und noch viel mehr, dass man mir meine Unsicherheit so sehr ansehen konnte.

Erfolg und Stärke scheinen damals wie heute wichtiger zu sein, als die innere Freiheit, Verletzlichkeit, Scheitern und Versagen zulassen zu können. Doch eigentlich ist Verletzlichkeit erst einmal das Zeichen dafür, dass wir überhaupt etwas fühlen. Ohne die Gefahr, sich verletzbar zu machen, würden die großen Liebesgeschichten des Lebens gar nicht geschrieben werden können. Jemanden zu lieben bedeutet, sich verletzbar zu zeigen und die eigene Seele zu entblößen – immer in der Hoffnung, ebenfalls zurückgeliebt zu werden. Sich verletzbar zu machen ist also die Voraussetzung für aufrichtige Liebe und tiefgründige zwischenmenschliche Beziehungen. Verletzlichkeit ist letzten Endes ein Zeichen von Mut und nicht von Schwäche. Wir setzen uns einem Risiko aus – nämlich dem, kritisiert oder zurückgewiesen zu werden – und geben nicht schon angesichts der Möglichkeit des Scheiterns auf. Das erfordert einiges an Stärke.

„Vulnerability is hard, and it's scary, and it feels dangerous. But it's not as hard, scary or dangerous as getting to the end of our lives and having to ask ourselves: ‚What if I would've shown up?'"

„Verletzlichkeit ist schwer, sie macht Angst und fühlt sich gefährlich an. Aber sie ist nicht so schwer, beängstigend oder gefährlich, wie wenn wir ans Ende unseres Lebens gelangen und uns fragen müssen: ‚Was wäre gewesen, wenn ich mich gezeigt hätte?'"

Brené Brown (frei übersetzt)[26]

In meinem Theologiestudium musste ich Altgriechisch lernen und eine Graecumsprüfung ablegen. Schriftlich und mündlich. Dabei übersetzten wir Texte von Sokrates und Platon und mussten sehr viel über griechische Geschichte auswendig lernen. Ich gab mein Bestes. In der mündlichen Prüfung fragte mich die Professorin nach einer bestimmten griechischen Sage, und ich war glücklich, dass ich überhaupt wusste, wovon sie sprach. Ich erzählte die Geschichte, und als ich stoppte, sagte der beisitzende Professor trocken: „Das klang jetzt wie aus ‚Herr der Ringe'", und begann zu lachen. Ich lachte beschämt mit, ohne eine Ahnung davon zu haben, was ich falsch gemacht haben könnte. Ich bestand mein Graecum trotzdem und war stolz auf mich. Es zeugte von meinem Mut, mich meiner Unperfektion zu stellen und meine Verletzlichkeit zu akzeptieren.

Sich selbst zu lieben ist wirklich herausfordernd. Aber diese Selbstliebe dann nicht an Erfolgen festzumachen, ist noch sehr viel schwieriger. Viele neigen dazu, mit ihren Jobs, ihren Kindern oder ihren Wohnverhältnissen zu prahlen, und rücken diese Dinge in den Vordergrund, damit sie sich selbst besser fühlen oder vor anderen besser dastehen können. Denn wer erzählt gerne von der eigenen Ehe, in der kaum noch Kommunikation stattfindet (geschweige denn Sex!), oder von den Kindern, die viel lieber den ganzen Tag zocken, als erfolgreich Fußball zu spielen, oder vom unkollegialen Klima auf der Arbeit und den miesen Jobaussichten? Wer zeigt schon gerne die eigene Verletzlichkeit?

Die Autorin Brené Brown sagt über Verletzlichkeit, dass sie Ungewissheit, Risiko und emotionale Entblößung mit sich bringt.

Verletzlich zu sein verknüpfen wir häufig mit Scheitern und Versagen. Erfolg und Stärke, so haben wir gelernt, sind viel erstrebenswertere Ziele. Dabei ist Verletzlichkeit zunächst weder gut noch schlecht, sondern bedeutet, dass wir fühlen und dazu einen Zugang haben. Wer fühlt, macht sich verletzbar. Verletzlichkeit zu zeigen bewirkt zudem, dass andere sich ebenfalls öffnen und mitfühlen können. Es ist mutig, die eigene Verletzlichkeit zu akzeptieren und nicht aufgrund der Angst vor dem Scheitern das Leben nicht zu leben.

„Vulnerability is not weakness. I define vulnerability as emotional risk, exposure, uncertainty. It fuels our daily lives.“

„Verletzlichkeit ist keine Schwäche. Ich definiere Verwundbarkeit als emotionales Risiko, Entblößung, Unsicherheit. Sie ist der Treibstoff für unser tägliches Leben.“

Brené Brown (frei übersetzt)[27]

Scheitern und Scham

Früher habe ich für einen christlichen Fernsehsender Bands interviewt. Vor allem fromme Metal Bands, aber auch die Mitglieder der Worship-Band „Hillsong United". Diese Arbeit machte mir Freude: Synchronisationen, Übersetzen von Interviews und das Kennenlernen der Menschen gehörten dazu. Da ich keinerlei Erfahrung in puncto Interviewführung hatte und mein Lebensmotto war und ist: „Einfach mal machen, könnte ja gut werden", stellte ich sicherheitshalber immer die gleichen Fragen nach Musik, Songs und Intention. Sehr langweilige Fragen wohlgemerkt.

Und dann traf ich den amerikanischen Hip-Hop-Künstler Toby Mac. Als Kind war ich ein riesengroßer Fan von ihm gewesen und nun vor diesem Interview zum ersten und einzigen Mal wirklich nervös. Ich wollte es gut machen, überlegte ewig an meinem Outfit herum (was ich im Endeffekt natürlich komplett falsch auswählte – es sah aus, als hätte ich nur einen überdimensionalen Pullover an und nichts darunter) und lernte alle Fragen auf Englisch auswendig. Vor seinem Konzert lernten das Kamerateam und ich ihn in einem großen Raum kennen. Er war professionell, ich nicht. Er hatte wahrscheinlich schon

Zehntausende Interviews vorher gegeben, im Gegensatz zu mir. Ich stellte ihm langweilige Fragen und er war davon gelangweilt. Kurzum: Es wirkte so, als hätte ich mich überhaupt nicht ordentlich vorbereitet, dabei hatte ich mir so viel Mühe gegeben wie noch nie zuvor. In meinen Augen war dieses Interview ein völliges Desaster. Schon während des Gesprächs schämte ich mich für mich, mein Reden und meine Körperhaltung. Ich machte mich klein, redete mich noch kleiner und demütigte mich damit selbst.

Seit diesem Interview muss ich vor jedem Gespräch, das ich führe, darüber nachdenken, wie ich wirke, was ich für Fragen stelle und wie ich es noch besser machen könnte. Dieser Moment mit Toby Mac hat mich nachhaltig geprägt, und es hat lange gedauert, bis ich mir mein gefühltes Scheitern selbst vergeben konnte. Obwohl es nichts zu vergeben gab, denn ich war jung, unerfahren und aufgeregt gewesen. Das ist nur menschlich.

Mit Perfektionismus versuchen wir, schambehaftete Situationen zu vermeiden. Anstatt uns selbst zu lieben für das, was wir sind, versuchen wir krampfhaft, eine bessere Version von uns zu erfinden. Wer nach Perfektion strebt, hält es häufig für wichtig, was andere von ihm denken. Perfektionisten wollen durch Leistung glänzen und gefallen.

Wenn wir scheitern, löst das ein Gefühl der Scham in uns aus. Daher verstecken wir unseren Misserfolg lieber. Das wiederum fördert die Illusion, dass alle anderen Menschen um uns herum erfolgreicher leben, glücklichere Partnerschaften und besser erzogene Kinder haben als man selbst.

Unser Gehirn ist dabei so ausgerichtet, dass es die kurzfristige Entlastung durch Vermeidung von Scham und Schmerz höher gewichtet als die Schäden, die durch Vermeidung langfristig entstehen. Dabei wäre es viel besser, wir würden den Schmerz aushalten, den unser Misserfolg uns gebracht hat, und dadurch Veränderungen hervorrufen. Unser Gehirn präferiert aber dieses „Durchwurschteln", reagiert mit Erleichterung auf diese kurzfristige Entlastung und warnt uns nicht vor den problematischen, langfristigen Folgen, wie Valerija Sipos und Ulrich Schweiger in ihrem Buch „Glauben Sie nicht alles, was Sie denken" ausführen. Daher vermeiden wir gerne, uns unseren Misserfolgen zu stellen, ziehen uns lieber die Decke über den Kopf und zeigen uns der Welt nicht mehr.

Zu einem echten Problem wird Schamgefühl dann, wenn es unsere eigene Selbstachtung beeinträchtigt. Scham kommt zum Vorschein, wenn wir uns nicht gut genug fühlen und Rollenbilder, die wir vor Augen haben, nicht erfüllen können. Beispielsweise könnten wir uns schämen, wenn wir uns im Beruf überfordert fühlen, gängige Schönheitsideale nicht erfüllen oder meinen, die Rolle als Eltern nicht adäquat ausfüllen zu können.

Scham zieht Macht aus der Unaussprechlichkeit ihrer Ursache, wie es die Schamforscherin Brené Brown in ihrem Buch „Verletzlichkeit macht stark" beschreibt.[28] Je weniger wir uns darüber austauschen, dass wir uns schämen, desto größer wird der Einfluss der Scham auf unser Leben. Die Lösung für mehr Widerstandsfähigkeit gegenüber Scham ist daher einfach: Wir müssen darüber sprechen.

Wenn wir uns schämen, reagieren wir zu Beginn emotional. Wir entschuldigen uns, versuchen, unser Fehlverhalten wiedergutzumachen, verpflichten uns, unseren Fehler nicht zu wiederholen, zeigen Reue, akzeptieren Strafen und machen uns klein. Dieses Verhalten verhindert, dass wir sozial ausgeschlossen werden.

Jedoch kann Scham auch durch Lebensumstände wie psychische Krankheiten, Armut oder Übergewicht ausgelöst werden. Das damit verbundene Gefühl des scheinbaren Scheiterns wird dann jedoch nicht durch die Verletzung gesellschaftlicher Regeln begründet, sondern durch uns selbst oder unsere persönlichen Lebensumstände. Das wiederum verstärkt die Scham und führt häufig zu Isolation.

Grundsätzlich ist es wichtig, allen Gefühlen einen gewissen Raum zu geben, sie wahrzunehmen und zu akzeptieren. Das gilt auch für die Scham. Danach kann man sich anschauen, warum man sich schämt. Wo liegt der Ursprung? Eine gewisse Distanz zu sich selbst aufzubauen, um das analysieren zu können, ist dabei hilfreich.

In jedem Fall sollte Scham nicht unser Selbstbild beeinflussen. Jeder Mensch empfindet sie, denn jeder macht Fehler. Das bedeutet aber nicht, dass unsere ganze Persönlichkeit falsch ist und wir uns als ganze Person mit der eigenen, kompletten Identität minderwertig fühlen müssen. Wenn wir uns schämen, weil wir Fehler gemacht haben, empfinden wir oftmals auch Schuld. Auch dieses Gefühl kann man sich genauer anschauen und überlegen, wie man sich anders hätte verhalten können, um diesen Fehler zukünftig nicht zu wiederholen.

Wenn Scham nun aber – wie oben beschrieben – aufgrund von Übergewicht, Armut oder Ähnlichem entsteht und einen deswegen in die soziale Isolation treibt, dann sollte man sich bewusst dafür entscheiden, sich nicht zu verstecken. Das ist die beste Methode, um Scham zu überwinden. Es kann auch helfen, ganz bewusst die Dinge zu tun, die Scham auslösen: zum Beispiel endlich den Schwimmbadbesuch planen, wenn man sich das bisher nicht getraut hat, oder den Finanzkurs buchen und lernen, wie man Geld investieren kann. Das mag ungewöhnlich klingen, funktioniert aber.

Scham kann auch durch ein Gefühl des Nicht-Genügens entstehen.

Als meine Kinder kleiner waren, träumte ich von einem „Slow-Family-Leben" wie in meiner Kindheit und meinen Bullerbü-Kinderbüchern: ruhige Tage, die seicht dahinplätschern. Zeit für Bücher, guten Kaffee, Vögel beobachten, im Garten werkeln, Brot backen und viel Ruhe. Dass ich überhaupt keinen grünen Daumen habe und aus der Großstadt komme, ignorierte ich in dieser romantischen Vorstellung.

Denn die Wahrheit ist, dass ich mich mit vielen anderen Menschen im Strudel der Unersättlichkeit und des Kapitalismus befinde. In der abstrusen Annahme, wir könnten scheinbar drohende Knappheit und Mangel mit noch mehr Gütern und Erfolgen kompensieren, befinden wir uns in einer Vergleichsspirale. Wir vergleichen uns mit Standards, die für uns unerreichbar sind und die wir schöner reden, als sie es in Wahrheit vielleicht sind. Übrig bleibt ein Gefühl der Scham, des „Nicht-genug-Seins“, und wir resignieren in unserem Wunsch nach Verbesserung, da wir es sowieso nie schaffen würden, an unsere Ideale heranzureichen.

Wenn wir von unserer Angst, niemals allem gerecht zu werden, ablassen und verstehen, dass wir genügen, so wie wir sind, dann nehmen wir auch die Masken ab, die unsere Verletzlichkeit verbergen. Dann sind wir offen für Kritik, ohne sie auf uns als gesamte Person zu beziehen.

Das Gegenteil von Scham ist das Gefühl, etwas wert zu sein. Es basiert auf Liebe und Zugehörigkeit. Wir verbinden es häufig mit Familie, mit Zuhause oder einem anderen Ort, an dem wir komplett echt sein können.

Brené Brown spricht auch über das Thema Schamresistenz. Diese entsteht, wenn wir in unserer Verletzlichkeit lernen, unseren eigenen Wert nicht infrage zu stellen, uns anzunehmen und uns bedingungslos zu lieben. Wir sollten unseren Selbstwert somit nicht an Erfolgen und Taten festmachen. Schamresistenz bedeutet demnach nicht, die Fähigkeit, sich zu schämen, gänzlich zu verlieren, da diese zum Menschsein dazugehört und in vielen Kontexten auch wichtig ist. Eine selbstzerstörerische und demütigende Form von Scham ist jedoch niemals zielführend, da sie den gottgegebenen Selbstwert des Menschen anzugreifen versucht.

Leben wir im Bewusstsein unseres Selbstwertes, können uns auch Kritik und Scheitern nicht mehr so viel anhaben, und wir wagen es, uns verletzbar zu machen.

Viele Menschen messen ihren eigenen Wert oft unbewusst an bestimmten Kriterien, die sie erfüllen müssen.

Selbstwertgefühl und Scham hängen also oft zusammen. Zum Beispiel schreibe ich gerade dieses Buch und muss dabei aufpassen, meinen Selbstwert nicht unbewusst an meiner Arbeit und meinem Erfolg festzumachen. Ich wünsche mir, dass dieses Buch bewegt, begeistert und Leben verändert, und der Verlag wünscht sich, dass es oft gekauft wird. Wenn diese Erwartung nun nicht erfüllt werden sollte, könnte es durchaus sein, dass ich mich schäme, vor mir und vor dem Verlag. Ich habe mich hier verletzlich gezeigt und bin vielleicht im ersten Moment nicht in der Lage, meinen Selbstwert von meiner Arbeit zu trennen, fürchte also Kritik und Ablehnung und gebe mir daher noch mehr Mühe, ein richtig gutes Buch zu schreiben.

Um zu vermeiden, dass wir uns schämen müssen, scheuen wir uns manchmal davor, überhaupt etwas zu versuchen. Wir fürchten uns davor, kritisiert zu werden, und beobachten das Leben aus Angst vor Scham lieber aus einer gewissen Distanz heraus.

Dabei ist es wunderschön, die eigene Verletzlichkeit zu zeigen und sich nicht hinter perfektionistischen Ansprüchen zu verstecken. Wenn wir lernen, Erfolg und Selbstwert voneinander zu trennen, können wir erkennen, wie wertvoll wir sind – ausschließlich um unserer selbst willen.

In einer Leistungsgesellschaft wie dieser innezuhalten und zu sagen: „Hey, Mittelmaß ist auch ganz gut!", erfordert sehr viel Mut. Zu akzeptieren, nicht perfekt sein zu müssen, in keinerlei Hinsicht. Wir benötigen keine perfekte Vita, keine perfekte Liebesgeschichte, keine perfekten Kinder, kein perfektes Haus, keine Berühmtheit oder herausragenden beruflichen Leistungen. „Normal" reicht aus. So wie wir sind, ist es gut, sind wir gut genug und völlig okay.

Uns als normale, unperfekte Menschen zu zeigen, uns emotional zu öffnen und unsere Gefühle und Meinungen zu teilen ermöglicht uns, eine tiefe Verbindung zu anderen Menschen aufzubauen. Häufig reagieren diese darauf positiv mit Mitgefühl und großer Offenheit. Uns ehrlich und verletzbar zu zeigen, birgt demnach Chancen für uns selbst und unser Gegenüber.

Fragen an dich:
Was ist das Schlimmste, das andere von dir denken könnten? Welche Konsequenzen hätte es für dich, dass sie so über dich denken? Warum ist es dir so wichtig, was andere von dir halten? Was würdest du tun, wenn es dir völlig egal wäre, was andere von dir denken?

Welche schwierigen Situationen hast du schon in deinem Leben gemeistert? Was hat dir dabei geholfen? Welche Stärken hast du, die du dabei aktiviert hast?

Scheitern an Erwartungen

Es ist die tiefe Angst zu versagen, die dafür sorgte, dass ich nicht stärker für mich eingetreten bin in meiner Vergangenheit. Aus Sorge, Erwartungen zu enttäuschen und Forderungen nicht gerecht werden zu können.

Es ist das Gefühl von Scham, das eintritt, wenn ich tatsächlich jemanden enttäusche. Mein Selbstwert wird dadurch erschüttert und der Glaube an mich selbst schwindet. Diese tiefe Empfindung kommt ganz langsam, wird immer größer und bleibt dann schwer auf der Brust liegen. „Da habe ich einen Fehler gemacht!", wird mir bewusst. Früher als Kind bin ich rot geworden. Heute bleibt mir kurz die Luft weg und ich erschrecke mich.

Es hat lang gedauert, bis ich mein Nervensystem so weit in den Griff bekommen habe, dass ich schneller wieder Boden unter meinen Füßen finde. Wenn ich für meine Arbeit kritisiert werde, trifft mich das hart, denn sie ist meine Kunst, die ich mit bangem Herzen und offener Haltung mit der Welt teile. Wenn ich es nicht schaffe, rechtzeitig schlafen zu gehen, weil ich gerne nachts arbeite, bin ich enttäuscht von mir. Auch das Gefühl, an meinen eigenen Wertvorstellungen und Ansprüchen zu scheitern, bringt mich dazu, mit mir zu hadern.

Wenn wir an uns selbst scheitern, dann eigentlich an unseren Erwartungen, die wir an uns stellen und die wir nicht erfüllen können. Vielleicht sind sie zu hoch angesetzt, vielleicht wollen wir zu viel, vielleicht sind sie aber auch nur falsch formuliert.

Ich studiere aktuell Familien- und Paarberatung. In einem Kurs wurden wir dazu aufgefordert, uns selbst einen Brief zu schreiben. Das Ziel lag darin, uns zu loben, sodass wir in Zeiten der Schwäche diesen herausholen und lesen können. Diese Übung kann man mit Klienten durchführen und wir sollten sie einfach einmal ausprobieren. Ich begann zu schreiben, was mir in den Sinn kam, und verblüffte mich damit selbst. Ich schrieb:

„Liebe Priska,
ich sehe, wie du dich verausgabst. Immer mit dem Wunsch, perfekt zu sein, und mit dem Wissen, es niemals auch nur ansatzweise zu sein. Du bist nie zufrieden mit dir. Du willst immer noch mehr und kommst dadurch niemals an in deinem Leben.
(...)
Du musst nicht weniger machen, du musst nicht weniger sein, aber du musst nicht von dir verlangen, all diese vielen Dinge auch noch in Perfektion zu machen. Oder dich hinterher heimlich zu ärgern, weil es doch nicht perfekt ist. Du darfst wachsen, besser werden, dir selbst vergeben und im Laufe der Zeit eine immer bessere Version deiner selbst sein. Du musst nicht heute schon so klug und weise sein wie mit 60 Jahren. Du musst nicht die perfekte Mutter sein und auch nicht die perfekte Ehefrau. Auch nicht die perfekte Freundin.

Du bist geliebt, so, wie du bist. Von Gott und auch von allen um dich herum. Also liebe dich selbst mit all deinen Fehlern und hör auf, dich selbst zu drangsalieren."

Als ich fertig geschrieben hatte, las ich durch, was mir aus dem Herzen durch die Finger aufs Papier geflossen war. Mir war gar nicht bewusst gewesen, dass ich immer besser und am liebsten perfekt sein möchte, dass ich mir Fehler schlecht verzeihen kann und möchte, dass alle mich und meine Arbeit wertschätzen. Mehr noch: Ich bin eigentlich nur zufrieden mit mir, wenn ich 100 Prozent und mehr gegeben habe.

In uns wohnen Sätze, wie: „Ich muss immer perfekt sein oder zumindest so wirken. Ich darf keine Fehler machen. Ich bin nicht ausreichend. Ich brauche die Anerkennung und Wertschätzung anderer, damit sie mich nicht für einen Versager halten. Ich will nicht minderwertig sein, daher darf ich nicht unvollkommen sein."

Wir werden versagen, wenn wir die Ansprüche an uns selbst zu hoch setzen. Es bedarf eines barmherzigen Blickes auf uns selbst, dass wir niemals alles können und schaffen müssen, dass wir immer wieder Fehler machen werden und auch einmal scheitern dürfen. Denn das ist völlig okay!

In mir selbst anzukommen, mich zu lieben und mich selbst anzunehmen geht mit Selbstvergebung einher. Wir sind mit bestimmten, vielleicht auch manchmal ungerechten Voraussetzungen auf diese Erde gekommen. Wir werden niemals alles auf einmal haben können: die perfekte körperliche und intellektuelle Verfassung wie andere, die perfekte Familie, Wohnsituation oder finanzielle Möglichkeiten. Es gibt immer etwas zu optimieren, immer etwas besser zu machen.

Es gibt nichts dagegen zu sagen, wenn wir lernen möchten, eine bessere Version unserer selbst zu werden. Aber wenn wir unser ganzes Leben damit verbringen, uns vorzustellen, wie wir anders leben könnten, und dabei die Momente verpassen, in denen wir dankbar, zufrieden und glücklich sein könnten, verschwenden wir es mit Missmut und einem falschen Perfektionsanspruch. Ich wünsche mir diese Genügsamkeit und diesen tiefen Frieden für uns alle. Dass wir uns selbst in den Arm nehmen und uns sagen können, dass wir richtig gut sind.

**„Du musst nicht versuchen,
besser zu sein, als du bist,
denn ich liebe dich für das,
was du wirklich bist. Das wahre Du.
Nicht das Du, bei dem du vorgibst,
jemand anderes zu sein.“**

Elizabeth Day[29]

Scheitern und Enttäuschung

Enttäuschungen sind Erwartungen, die nicht erfüllt wurden. Je spezifischer die Erwartung war, die nicht erfüllt wurde, desto größer ist die Enttäuschung.

Häufig gehen Enttäuschungen mit einem Gefühl der Reue einher. Unbewusst oder bewusst haben wir ständig Erwartungen an uns, unsere Familien, Kollegen und Nachbarn, also an all die Menschen, die mit uns in Kontakt treten. In besonderer Weise trifft das jedoch auf diejenigen zu, die uns nah sind.

Wenn wir Erwartungen entwickeln, zeichnen wir im Kopf ein Bild davon, wie etwas aussehen oder sich entwickeln soll. Da wir nicht nur Erwartungen an uns, sondern auch an andere Menschen haben, bedeutet das, dass wir den Ausgang von Situationen nicht kontrollieren können.

Immer wenn wir in den Urlaub fahren, reden wir als Familie darüber, wie wir uns den Urlaub vorstellen und was wir erwarten, wenn wir sagen: „Ich will mich erholen." Als wir uns noch nicht so lange kannten und ich fünf Bücher für eine Woche gemeinsamen Urlaub eingepackt hatte und mein Mann den ganzen Tag an einem einsamen Bootssteg in Finnland stand, angelte und dann in unsere eigene Sauna sprang, nur um danach wieder am See zu stehen, war das für uns der Inbegriff von Erholung. Doch als unsere Kinder geboren wurden, hatten auch sie eigene Bedürfnisse und Vorstellungen. Seitdem gehören diverse Freizeitparks zu unserem regelmäßigen Urlaubsrepertoire, ich lese weniger Bücher und mein Mann hat seit damals nicht mehr einsam geangelt – nur noch im Beisein von mindestens einem unserer Kinder. Aber das ist vollkommen in Ordnung. Wir genießen die aktuelle Lebensphase sehr.

Stundenlanges Lesen und Saunagänge zählen eben nicht unbedingt zu den Urlaubslieblingsaktivitäten unserer Kinder. Wir müssen also versuchen, alle Bedürfnisse zu sehen und zu erfüllen, sodass jeder einen schönen Urlaub haben kann. Um Enttäuschung zu minimieren, hilft es, Erwartungen herunterzuschrauben. Noch besser ist es jedoch, wenn wir lernen, unsere Erwartungen zu kommunizieren.

Enttäuschungen und Bedauern steigen in uns als Gefühle hoch, wenn etwas passiert ist, was wir so nicht wollten und womit wir nicht rechneten. Im Falle von Enttäuschungen glauben wir, dass der Ausgang einer Situation außerhalb unserer eigenen Kontrolle liegt, schreibt Brené Brown in ihrem Buch „Atlas of the heart“. Beim Bedauern gehen wir hingegen davon aus, dass der unerwünschte Ausgang durch unsere eigenen Entscheidungen oder unser Verhalten verursacht wurde.

In den meisten Fällen bereuen wir Dinge, die wir in der Vergangenheit nicht getan haben: Chancen, die wir verpasst haben, Abenteuer, die wir vorüberziehen ließen, Liebesbotschaften, die wir nicht überbracht haben, und noch weitere Dinge. Wenn wir die Vergangenheit reflektieren, sehen wir das, was wir nicht getan haben, als verpasste Möglichkeiten an. Und das, obwohl wir vor allem bereuen, wenn etwas aufgrund unserer eigenen Aktion scheiterte.

Wir vermeiden es lieber, etwas zu bedauern, denn sonst müssten wir uns mit Selbstvorwürfen und Schuldfragen auseinandersetzen. Aber eigentlich ist ein Leben ohne Bedauern ein Leben ohne Fortschritt, ohne Reflexion, ohne Neu-Lernen, Anders-Machen, und bietet folglich keinen Raum für Veränderung und Wachstum.

Aber oftmals vermeiden wir einfach Risiken, in denen Enttäuschungen und Bedauern entstehen könnten, und verlieren dadurch die Chance auf etwas Großes, auf Veränderung und Bedeutung. Ja, es fühlt sich nicht gut an, wenn wir enttäuscht werden, geschweige denn selbst verschuldet etwas bereuen, aber es ist auch das Kraftvollste und Schönste, daran zu wachsen und daraus zu lernen.

Enttäuschung ist schmerzhaft und verletzt uns, aber wir können wieder heilen. Doch wenn die Enttäuschung zu tief sitzt, kann sie uns ein Leben lang verfolgen. Es braucht Mut, sich mitzuteilen und hinter die Intentionen unserer Erwartungen zu blicken, aber Verletzlichkeit hilft uns dabei, bedeutsame Verbindungen zu knüpfen.

Scheitern und Jesus

In meinen Teenagerjahren war meine Outfitwahl sehr exzentrisch, damit drückte ich meine Kreativität aus. Ich liebte Mode und vor allem Farbe.

In meiner Kirchgemeinde gab es jedes Jahr zu Karfreitag einen festlichen Gottesdienst, der eher an einen Trauer-Gedenktag erinnerte. Es wurden traurige Lieder gesungen, manche weinten sogar, und wir waren angehalten, gedeckte Farben zu tragen – vorzugsweise Grau oder Schwarz. Das war ein ungeschriebenes Gesetz, so kam es mir zumindest vor. Jedes Jahr entbrannte vor dem Gottesdienst eine Diskussion mit meinen Eltern, die ungefähr so ablief:

„Warum soll ich Schwarz tragen?"

„Jesus ist heute gestorben."

„Aber wir können doch feiern, dass er am Kreuz für uns gestorben ist!"

„Aber heute ist ja sein Todestag, an den wir denken."

„Warum ist das keine Party? Der Gottesdienst ist so langweilig und traurig, ich werde da richtig depressiv."

Heute frage ich mich auch: Kann man den Tod denn feiern?

Jesus wurde von einem seiner Wegbegleiter verraten, vom Mob verhöhnt und zum Tode verurteilt. Es war ein makabrer, jämmerlicher Tod, brutal, schmerzhaft und einsam. Er wurde begafft und verspottet. Eine Woche zuvor war Jesus noch bejubelt worden, als er auf einem Esel in Jerusalem einritt, und nun hatte sich das Blatt drastisch gegen ihn gewendet.

Die Evangelien muss man im Kontext der damaligen Zeit lesen. Im Jahre 66 nach Christus brach in Jerusalem ein Aufstand gegen die Römer aus. Rom schlug entschieden zurück, von Norden her marschierten die Römer erst in Galiläa, dann in Judäa ein. Alles fiel ihrer Zerstörungswut zum Opfer. Die Menschen starben oder wurden versklavt.

Die Christologie in den Evangelien lässt sich durch diesen Kontext besser verstehen, besonders jene des Markusevangeliums, welches um das Jahr 70 nach Christus entstand und in dem das Bild eines „gescheiterten", in besonderer Weise dienenden Messias gezeichnet wird. Bei Markus wird auf der einen Seite das Evangelium von Jesus Christus erzählt, zum anderen aber auch über den Krieg berichtet. Es geht also um die Erlösung durch Jesus inmitten der unerlösten Lebenswirklichkeit der Menschen. „Das Leid eines ganzen Volkes spiegelt sich in der Passion eines einzelnen Juden"[30], schreibt Andreas Bedenbender in seinem Buch über den gescheiterten Messias.

Von der ersten Leidensankündigung in Kapitel 8 an wird der Text vom kommenden Leiden und Sterben Christi bestimmt. Im Garten von Getsemane beispielsweise ist Jesus voller Angst. Er hat das Gefühl, von Gott verlassen worden zu sein. Er bittet ihn, diesen Kelch an ihm vorübergehen zu lassen, aber er bekommt keine Antwort. Jesus hat

Todesangst, aber er weiß auch, dass er die Erfüllung dessen ist, was Gott dem jüdischen Volk versprochen hat. Dass er der versprochene Messias ist, erkennen die meisten Juden jedoch nicht an, und die Römer kreuzigen ihn schließlich.

Als Jesus verhaftet wird, verlassen ihn alle seine Jünger und fliehen. Sein Freund Petrus verleugnet ihn sogar dreimal. Mit den Worten „Mein Gott, mein Gott, warum hast du mich verlassen?“ stirbt Jesus, wie das Markusevangelium überliefert (Kapitel 15, Vers 34). Dieser Satz stammt aus Psalm 22 und war das Sterbegebet jedes frommen Juden. Jesus hat also in seiner letzten Stunde nicht nur Verzweiflung empfunden, sondern auch, wie jeder fromme Jude, diesen Psalm im Vertrauen auf Gott gebetet.

Menschlich betrachtet könnte man sagen, dass Jesus gescheitert ist. Als Gott in Jesus Mensch wurde, kam er als Geringster unter den Geringen und wurde am Ende auch noch als Verbrecher verurteilt und nicht als Sohn Gottes anerkannt. Doch schließlich entstand etwas Gutes daraus – sogar das Beste, was dieser Welt passieren konnte. Gott blieb nicht „da oben“, als höchstes Wesen, sondern erniedrigte sich und kam nach unten. Er rettete die Menschheit, indem er die Todesstrafe am Kreuz aus Liebe zu den Menschen und Gehorsam gegenüber seinem Vater erduldete. Das war Jesu wichtigste Tat!

Im Apostolischen Glaubensbekenntnis, das in vielen Kirchen gesprochen wird, sagen die Gläubigen, dass Jesus hinabgestiegen ist in das Reich des Todes. Im Lateinischen heißt es eigentlich „ad inferos“, also hinabgestiegen in die Unterwelt. Im biblischen Verständnis ist die Hölle, die

Unterwelt, der Ort der vor Gott gescheiterten Leben, der Ort der zum ewigen Tode Verurteilten. Und genau da geht Jesus hin. Er ging direkt in das menschliche Scheitern hinein. Er entfernt sich von Gott, um den Menschen nah zu sein. Jesus steigt auch in unser gescheitertes Leben hinab, in unsere eigene Lebenshölle.

Das englische Wort für Demut lautet „humility" und meint eine dienende Gesinnung. Es kommt vom Wort „humus", also Erde. Scheitern meint ebenfalls, dass wir auf den Boden der Tatsachen kommen und lernen, uns realistisch einzuschätzen. Eine Niederlage kann zur Vorsicht mahnen und dabei helfen, sich nicht überlegen zu fühlen.

Der Apostel Paulus erlebte auf seinen Missionsreisen ab dem Jahr 47 nach Christus zahlreiche Rückschläge und Herausforderungen. Er wurde vertrieben, mit dem Tod bedroht und geriet sogar in römische Gefangenschaft. Er wurde als Christ geschlagen, gedemütigt und ins Gefängnis geworfen. An seinem Tiefpunkt, als er im Gefängnis saß, schrieb er in seinem zweiten Brief an die Korinther in Kapitel 7 Vers 4: „... Trotz aller Schwierigkeiten bin ich getröstet, und meine Freude ist unbeschreiblich groß." An seinem Tiefpunkt, in ständiger Sorge, er könnte in seinem Lebenswerk versagt haben, blieb er trotzdem voller Entschlusskraft und Feuer für sein großes Ziel im Leben, das Evangelium zu verkünden. Ich kann mir gut vorstellen, dass Paulus in den zahlreichen Rückschlägen auch zweifelnde, traurige und sich selbst hinterfragende Momente hatte. Bestimmt hatte er auch das Gefühl zu scheitern, als seine Begleiter Barnabas und Markus ohne ihn weiterreisten. Sicherlich wurde er demütig angesichts seiner schwindenden Kraft und seiner auch körperlichen Herausforderungen. Es ist auch demütigend, im Gefängnis zu sitzen, anstatt als gefeierter Prediger begeistert in jedem Hafen empfangen zu werden. Und doch schaffte es Paulus, seine Rückschläge als Ausgangspunkte für neue Abenteuer zu sehen und sich nicht von seiner Mission abbringen zu lassen.

Gott kam in Form eines Säuglings auf die Welt und lädt uns damit auf eine dienende, liebevolle und in sich ruhende Weise dazu ein, sich an seiner Demut ein Beispiel zu nehmen.

Wenn wir scheitern und Lebensentwürfe zerbrechen, ist die Gewissheit vorhanden, dass Jesus derjenige ist, der uns im Scheitern auffängt. Karfreitag erinnert uns daran, dass wir nicht die Augen verschließen müssen vor dem Leid und den Abgründen des Lebens. Wir müssen das nicht verdrängen und verzweifeln, denn wie der Pastoralpsychologe Hermann Kügler schreibt: „Wir leben aus der Hoffnung, dass wir nicht tiefer fallen können als in die Hände Gottes."[31]

In den Kirchen und im Süden Deutschlands oftmals auch an Feldern und Kreuzungen stehen Kruzifixe. Da hängt Jesus am Kreuz und sieht dabei häufig wunderschön aus. Friedlich und ehrwürdig wie einer, der an der Menschheit gelitten hat. Er ist der Gekreuzigte, Verblutende und Sterbende, der nicht vom Kreuz herabsteigt, sondern elendig erniedrigt stirbt. Er trägt das Gewicht der Sünden der Menschheit auf den Schultern und wird damit zum Liebesbotschafter und Friedensbringer für die Welt.

Der Mensch ist Scheitern. Die Welt ist Scheitern. Aber in alldem ist auch so viel Schönheit, so viel Kraft und Auferstehung. Diesen natürlichen Weg des Scheiterns des auf sich selbst fixierten Egos, bei dem jeder sich selbst in seiner Fehlerhaftigkeit erkennen und demütig werden muss, wird jeder Mensch irgendwann gehen müssen. Aber auf diesem Weg kann uns Gott begegnen, der uns die Möglichkeit schenkt, inneren Frieden zu finden.

Schon als Kind durfte ich erkennen, dass Jesus am Karfreitag als Menschensohn am Kreuz gestorben ist und mir dadurch Vergebung schenken möchte. Es ist ein ganz besonderes Geheimnis, dass er auferstanden ist, weiterlebt und mir damit in meinen Rückschlägen und Niederlagen des Lebens Hoffnung, Liebe und tiefen Frieden schenkt, damit ich mir auch selbst vergeben kann. In seinem eigenen Sterben und dem Wiederauferstehen finde ich Verständnis für meine persönlichen Prozesse des Scheiterns. Auch ich darf sinnbildlich wiederauferstehen, darf meine Chancen erkennen und durch seine Kraft weiterleben.

„Gott ist unsere Zuflucht und Stärke, ein bewährter Helfer in Zeiten der Not.“

Psalm 46,2

Scheitern und ein Gott, der alles gut macht

Ich bin auf dem Weg nach Hamburg für eines meiner Buchprojekte. Ich schreibe ein Buch über eine Frau namens Maria, die sage und schreibe viermal verheiratet war, in die Prostitution verkauft und mehrmals vergewaltigt wurde und deren Eltern beide starben, als sie noch ein Kind war.[32] Sie begegnete Jesus zum ersten Mal in einem Nagelstudio, wo sie sich besonders lange Nägel für ihre Kunden machen ließ. Dort, in einem Hinterzimmer, übergab sie ihr Leben Jesus. Das war ihre letzte Rettung.

Direkt danach änderte sich ihr Leben insofern, dass sie die Kraft hatte, die Prostitution und den Zuhälter zu verlassen. In Brasilien eröffnete sie erfolgreiche Nagelstudios, aber ihr Leben blieb ein Auf und Ab. Ihr vierter Ehemann verließ sie und der nächste Mann, ihr fünfter Verlobter, entpuppte sich als Heiratsschwindler. Und das alles, obwohl sie Jesus ihr Leben gegeben hatte. Wieso kam er also scheinbar nicht in ihr Leben und machte alles gut?

In erster Linie ist unser Leben ein einziges Heilwerden, ein inneres Wachsen mit dem Ziel, eine immer bessere, gesündere und aufgeräumtere Version unserer selbst zu werden. Der Geist Gottes ist derjenige, der dabei hilft, dessen Früchte wie Geduld, Langmut oder Barmherzigkeit, immer sichtbarer werden. So ist es auch bei Maria. Aber Maria lebt, genau wie wir alle, trotzdem immer noch in ihrem Leben. Sie erlebt Vergebung und Veränderung ihrer Lebenssituation, aber trotzdem steckt sie, wie wir alle, immer noch in diesem unvollkommenen Leben fest.

Maria aber ist vor allem eines: fröhlich und dankbar. Sie ist voller Frieden, hat allen vergeben, die ihr Leid zugefügt haben, und lebt nicht mehr in ihrer Vergangenheit. Sie hat ihre Traumata überwunden und versprüht eine Lebensenergie und Herzlichkeit, dass man hingerissen ist. Müsste jemand mit einer solch riesengroßen Leidensgeschichte nicht eigentlich am Boden sein?

Jesus hat ihr geholfen. Der Glaube hat ihr aus dem riesengroßen schwarzen Loch herausgeholfen. Aber nicht so, wie wir es erwarten, weil wir nicht immer gleich aus unserer menschlichen Haut herauskönnen, sondern auf noch tiefere, andere Weise. Maria erhielt einen Buchvertrag, um ihre Geschichte mit vielen zu teilen. Jesus schenkte ihr neues Leben, einen Halt und Freude.

Mit Gott zu leben bedeutet nicht, dass uns ein glückliches Leben versprochen ist, sondern dass uns ein Geschenk gegeben wurde: Hoffnung und Glaube.

Ursprünglich habe ich in diesem Buch viele Geschichten und Beispiele von Menschen aufgeschrieben, die in furchtbaren, traumatischen und schwierigen Situationen in ihrem Leben gelandet sind: Darunter waren Geschichten von Krankheit, vom Tod des eigenen Kindes, von Scheidungen und all den schrecklichen Dingen, die unser ganzes Leben auf den Kopf stellen. Alle meine Lebensbeispiele, die ich hier anbringen wollte und wieder gelöscht habe, haben eines gemeinsam: Alle diese Menschen haben ihre ganze Hoffnung auf Gott gesetzt, dass er ihr Leben zum Guten wendet, ihr Kind vor dem Tod rettet, ihre lebensbedrohliche Krankheit in Gesundheit verwandelt oder ihre zerrüttete Ehe wiederherstellt. Aber scheinbar hat Gott nicht eingegriffen. Kinder sind gestorben, dieser Schmerz ist nicht tragbar. Der Ehepartner ist fremdgegangen und hat die Ehe damit mutwillig zerstört. Die Krankheit ist ein Teil des Lebens geblieben. Und was all diese Menschen ebenfalls miteinander teilen, sind zwei Gedanken, die zermürben und tausend Fragen auslösen:

Habe ich nicht genug geglaubt? Warum hat Gott mir kein Wunder geschickt? Habe ich nicht ausreichend gebetet? Habe ich Sünde in meinem Leben? Bin ich nicht genug vor Gott? Hört er mich denn überhaupt?

Durch die Theodizee-Frage möchte man herausfinden, warum Gott das Leid auf dieser Welt zulässt. Sie nimmt das Leid dieser Welt ganz allgemein in den Blick und stellt es damit in einen größeren Kontext. Eine Antwort darauf könnte sein, dass Gott dem Menschen einen freien Willen gegeben und die Aufgabe übertragen hat, die Welt zu beherrschen und ihr gutzutun. Der Mensch ist an dieser Aufgabe scheinbar gescheitert und muss nun ausbaden, was er sich selbst eingebrockt hat. Natürlich ist diese Antwort Unsinn, wenn es um Leid geht, das man weder selbst noch jemand anderes hätte verhindern können. Manche Menschen kommen auch zu dem Schluss, dass die Allmacht Gottes an dieser Stelle infrage zu stellen sei. Denn es scheint einfacher zu sein, an einen guten Gott zu glauben, der helfen will, aber nicht kann, als an einen, der helfen kann, aber es vermeintlich nicht will. Aber auch diese einfache Erklärung scheint zu kurz zu greifen.

Unser Verständnis und unsere Vorstellungen von Gott sind immer subjektiv geprägt. Und trotzdem ist Gott aber kein „subjektiver Gott“. Man kann ihn sich nicht so machen oder denken, wie es einem gefällt. Wenn es ihn gibt, dann ist er so, wie er ist – unabhängig davon, wie wir über ihn denken oder ihn uns vorstellen.

Die Frage, warum Gott das Leid zulässt, wird aber persönlich dann existenziell, wenn es einen selbst betrifft und die Menschen um einen herum scheinbar normal, glücklich und erfolgreich weiterleben.

Natürlich stimmt das nicht, denn jeder Mensch lebt mit Herausforderungen, Ängsten, Beeinträchtigungen, Scheitern, falschen Lebensentscheidungen, Krankheit, Not oder anderen Schwierigkeiten. Kein Mensch ist nur glücklich und nur erfolgreich. Das Leben verläuft nicht linear, sondern bergauf und bergab.

Als ich gegen das Brückengeländer in Dresden lief und mir das Blut über das Gesicht strömte, wusste ich, dass ich mir wortwörtlich den Kopf stoßen musste. Ich hatte in der Vergangenheit einige falsche Entscheidungen getroffen, wollte mit dem Kopf durch die Wand und meinen Willen durchsetzen. Die Pandemie und der erste Lockdown hatten mir emotional zugesetzt und Ängste aus meiner Kindheit getriggert. Freiheitsberaubung war schon immer eine meiner größten Sorgen gewesen, und der Lockdown mit Kilometerbegrenzung hatte mich kalt erwischt.

Als ich im Krankenhaus lag, musste ich genäht werden. Die Schwester bemitleidete mich: „So eine schöne, junge Frau und nun so eine Narbe." Ich bekam Angst, denn bis zu diesem Zeitpunkt war mir der Grad meiner Verletzung gar nicht bewusst gewesen. Wie schlimm sollte die Narbe aussehen? War ich entstellt? Zum falschen Zeitpunkt am falschen Ort gewesen? Hatte ich innere Blutungen? Ich flehte die Ärztin an, es gut zu nähen, und sie versprach mir, den dünnsten Faden zu nehmen und es so zu nähen, als würde sie eine Schönheitsbehandlung durchführen. Es blieb mir nichts anderes übrig, als zu vertrauen.

Nach meinem Sturz lag ich, wie eingangs beschrieben, mit einer Gehirnerschütterung eine Woche lang mit geschlossenen Augen in meinem Bett. Ich konnte weder Podcasts hören noch lesen oder Serien schauen. Das Blut war mir in die Augen geflossen und diese waren zugeschwollen. Irgendwann hatte ich auch genug geschlafen, sodass ich still auf dem Bett lag und mit mir selbst und Gott Zwiesprache halten konnte. Nach dieser Woche suchte ich mir Hilfe und Beistand, um meine Kindheitsängste zu besiegen. Die kleine Narbe auf meiner Stirn ist gut verheilt, die

Ärztin hat gute Arbeit geleistet. Doch ich sehe sie trotzdem: Jeden Morgen und jeden Abend, wenn ich in den Spiegel schaue, erinnert sie mich an diese intensive Woche und daran, dass ich fehlbar bin und mir selbst vergeben darf.

Gott macht nicht alles gut, aber er arbeitet mit unserer fehlerhaften Welt und ihren fehlerhaften Bewohnern. Gott ist jemand, der mitfühlt, den Schmerz mitträgt, mitweint und mitleidet. Er ist nicht fern, sondern mit uns im tiefsten Tal.

Als ich mein erstes Baby im dritten Monat verlor, war ich gerade 22 Jahre jung. Ich lag fernab der Heimat im Schwarzwald mitten in der Nacht mit Wehen in einem Krankenhaus und hatte keine Ahnung, was mit mir geschah. Leider erwischte ich einen unsensiblen Arzt, der mit meinem Kummer nicht gut umgehen konnte. Die ganze Nacht, in der ich mit Schmerzen und Wehen kämpfte, um am nächsten Morgen im OP-Saal zu landen, betete ich Psalm 23:

„Und ob ich schon wanderte im finstern Tal, fürchte ich kein Unglück; denn du bist bei mir, dein Stecken und Stab trösten mich“ (Vers 4, LUT).

Es war meine verzweifelte Hoffnung, dass ich nicht allein bin, denn der Psalm geht noch weiter: „Gutes und Barmherzigkeit werden mir folgen mein Leben lang, und ich werde bleiben im Hause des HERRN immerdar“ (Vers 6, LUT).

Dieser Psalm ist kein altmodischer, ausgedienter Text, den alle Konfirmanden einmal auswendig gelernt haben müssen, sondern seit damals für mich ein Lebenselixier. Ein Gebet der Hoffnung. Dieser Psalm sagt nicht aus, dass mir Glück und Gesundheit ein Leben lang folgen werden.

Das Leben funktioniert nicht durch Anspruchsdenken, dass alle unsere Kinder gesund sind, wir keine Unfälle erleben, keinerlei Leid. Der Glaube ist aber eine Quelle der Kraft, die mich durch diese schweren Zeiten trägt. Wie sonst sollte man Kraft bekommen, um Unerträgliches zu vergeben? Wie sonst sollte man weiterleben, wenn traumatische Erfahrungen das Leben nicht mehr lebenswert erscheinen lassen?

Wir legen Gott unser Leid und unseren tiefen Schmerz hin. Wir erwarten nicht, etwas zurückzubekommen, sondern klagen Gott an, schreien, fragen ihn, warum wir etwas ertragen müssen, und schmeißen ihm unseren Kummer entgegen. Unser menschlicher Verstand wird niemals ganz verstehen und erkennen, wieso wir manches ertragen müssen, und vielleicht müssen wir diese Fragen auch offenlassen. Wir neigen dazu, dem Leid einen Sinn geben zu wollen. Wieso passiert mir das, was kann ich daraus mitnehmen? Ein anderer Gedanke könnte sein, dass Sünde, geringer Glaube oder falsches Gebet zu einer leidvollen Leidenssituation geführt haben könnten. Aber Leid in dieser Weise pauschal zu vereinfachen oder dem Leidtragenden Schuld daran zu geben, ist ein Versuch, dem Schmerz mit meinem irdischen Gedankengut irgendeinen Sinn zu geben – was allerdings oft missglückt.

Wenn ich mir die Menschen in der Bibel anschaue, dann hatte keiner von ihnen ein „glückliches“ Leben, wie wir uns ein solches vorstellen: Hiob erlitt eine Katastrophe nach der anderen, David verlor seinen Sohn, Simson starb mit den Philistern, Paulus und Petrus wurden Märtyrer, um nur ein paar Beispiele zu nennen. Doch sie alle hatten ein sinnvolles Leben, und selbst wenn sie nach unserem menschlichen Ermessen womöglich nicht immer glücklich waren, waren sie doch durch ihren Lebenssinn gesegnet.

In meiner Kindheit hatten wir zu Hause ein Andachtsbuch eines berühmten Wohlstandsevangelisten. Es existierte so lange, bis meine Eltern es wegwarfen. Ich las es vorher durch und erlag für einige Zeit der falschen Vorstellung, dass Gott allen Menschen jederzeit Gesundheit und Wohlstand schenken möchte und wir bisher alle nur falsch gebetet hätten. Die Milliarden Menschen, die in Ausbeutung und Armut lebten, blendete der reiche, weiße Evangelist aus den USA genauso aus wie ich. Es war schließlich scheinbar alles eine Frage des richtigen Gebets und des richtigen Glaubens! Mit 19 Jahren absolvierte ich für drei Monate während meiner Bibelschulzeit in Schweden bei einer Missionsstation ein Praktikum. Ich arbeitete dort als Mädchen für alles: Kochen und putzen für Pastorenehepaare, die dort eine Auszeit erlebten, Aufnahmen während der christlichen Konferenzen und Seminare sowie das Verfassen der Newsletter gehörten zu meinen Aufgaben. Der Sommer in Schweden, in welchem ich auf dem Bootssteg lag, in den See sprang und durch schwedische Wälder lief, bleibt unvergessen. Auch deshalb, weil sich mein Glaubensverständnis in diesem Sommer radikal verändern sollte.

Auf ebendieser Missionsstation wurde mir eine völlig seltsame, strenge Form des Wohlstandsevangeliums gepredigt. Diese Form versucht im eigentlichen Sinn, Gott zu manipulieren, denn sie sagt: „Wenn ich nur richtig bete, richtig glaube und mich richtig benehme, dann wird Gott meine Gebete erhören, mich segnen und mir wohlgesonnen sein." Man sucht demnach bei Misserfolgen und Problemen die Ursache grundsätzlich bei sich. „Bei mir scheint irgendetwas falsch zu sein, ich scheine falsch zu beten, die richtige Formel nicht zu kennen oder muss vielleicht fasten, damit der Segen fließen kann."

Mitten im schwedischen Sommer hatten wir auf der Missionsstation mehrmals am Tag feste Gebetszeiten. Bei diesen gab es ein festgelegtes Gebetsritual, was uns mit dem alttestamentlichen, jüdischen Tempel erklärt wurde. Erst gab es Lobpreis, dann folgte Dank und erst danach durfte man (metaphorisch, bildlich gesprochen) in das Innerste, Heiligste des Tempels gehen und Bitten äußern. Nur in dieser Reihenfolge wollte Gott Bitten erhören. Nur diese Reihenfolge war die einzig richtige.

Ich frage mich: Hält diese Denkweise Gott denn nicht klein? Nur so und nicht anders war es ihm möglich, Bitten zu erhören? Glauben wir wirklich, wir könnten Gott in irgendeiner Weise mit richtigem Gebet zum Handeln zwingen oder gar manipulieren? Und sollte es tatsächlich das sein, was mein Leben glücklicher machen wird?

Wir wünschen uns ein segensreiches Leben, haben aber eine komplett menschliche, subjektive Sichtweise davon, was „segensreich" bedeutet. Die Theologin Dr. Mihamm Kim-Rauchholz sagt: „Es ist ein Leben, in dem man liebt und geliebt wird."[33] Wenn wir uns all die Menschen in der Bibel, die ich vorhin schon erwähnt habe, noch einmal vor

Augen führen, erkennen wir, dass unsere Definitionen eines sorglosen, immer glücklichen und einfachen Lebens hier nicht anknüpfen können. Zudem bin ich davon überzeugt, dass es das Schönste im Leben ist, wenn man das Gefühl hat, sinnvoll gelebt zu haben, und dem eigenen Leben dieser Sinn zugesprochen wird. Und vielleicht ist (auch) genau das ein segensreiches Leben.

Auf meiner letzten Urlaubsreise, als wir in ein Spaßbad im Schwarzwald fuhren, drehte ich das Radio lauter, als eine Sendung mit einem Philosophen lief. „Menschen, die Kinder haben, sind statistisch gesehen unglücklicher als Kinderlose", sagte er. Ich dachte kurz darüber nach, dass ich ohne Kinder vielleicht jetzt auf Bali oder den Malediven sein könnte und mir jemand einen Cocktail bringen würde, während ich entspannt in die Palmen starrte, und drehte mich dann zu meinen Mädchen um, die darüber diskutierten, welche Rutschen sie als Erstes ausprobieren wollten. „Glück ist aber nicht zu verwechseln mit Sinnhaftigkeit", fuhr er fort. „Ein sinnvolles Leben zu führen, bedeutet manchmal, das eigene Glück hintenanzustellen, um jemand anderem, wie den eigenen Kindern, ein gutes Leben zu ermöglichen. Und diese sinnvolle Aufgabe macht am Lebensende auch glücklich."

Wenn wir nun keine Möglichkeit haben, weder das Leben noch Gott zu kontrollieren, dann liegt unsere eigentliche Kraft einerseits in unseren inneren Fähigkeiten, die uns helfen, Krisen zu meistern, und andererseits darin, all unser Leid und unseren Schmerz Gott zu klagen. Wir dürfen ihn fragen, warum wir etwas ertragen müssen, dürfen mit ihm ringen, klagen und wissen, dass wir nicht alle Fragen beantwortet bekommen. Es ist lediglich das Hoffen und das Vertrauen darauf, dass wir nicht allein sind im dunklen Tal. Ebenso, wie wir an einen Gott glauben, der unter Qualen aus Liebe zu uns am Kreuz gestorben ist, so können wir wissen, dass er ein Gott ist, der mit uns mitleidet und den Schmerz mitfühlt.

Die junge Theologin Maike Schöfer schrieb einmal auf Instagram: „Ich glaube nicht an einen Gott, der unmittelbar eingreift wie ein Puppenspieler. Der alles willkürlich regiert."[34] Und ergänzend dazu machte sich die feministische Theologin Dorothee Sölle dafür stark, das patriarchale Gottesbild in seinem Machtgefälle zu überdenken. Dieses rücke Gott nach oben und entferne ihn von den Menschen. Doch dieses Bild ist tief verankert in unserem Denken und eigentlich nicht das, was das Wesen Gottes ausmacht. Gott leidet mit, er ist im Schmerz zu finden. Ganz unten auf dem Boden, wo wir liegen. Das ist der Kern der Liebe. Er liebt bedingungslos und über alle Maßen hinaus. In dieser Liebe finden sich Gnade und Vergebung. Ich bin auf diese Gnade angewiesen. Sowohl von meiner Familie und meinen Freunden als auch von Gott. Gnade macht ein gemeinsames Leben mit vielen fehlerhaften Menschen möglich. Wir würden uns gegenseitig und uns selbst ständig verurteilen, hätten wir das Geschenk der kostbaren Gnade nicht selbst empfangen und könnten es nicht weitergeben.

„HERR, wende dich nicht länger von mir ab! Nur du kannst mir neue Kraft geben, komm mir schnell zu Hilfe!“

Psalm 22,20

Scheitern und toxischer Optimismus

Die bereits erwähnte Lebensgeschichte von Hiob wird nicht nur in der Bibel, sondern auch im Tanach, im Koran und in mesopotamischen Texten erzählt. Sie handelt davon, dass Gott dem Widersacher (dem Teufel) gestattet, Hiob durch schwere Schicksalsschläge zu prüfen. Hiob verliert dadurch alles. Seine Gesundheit, seine Kinder und sein ganzes Hab und Gut. Seine Freunde Elifas, Zofar und Bildad wollen ihn im Verlauf der Geschichte zu einem Schuldeingeständnis bringen. Hat Hiob gesündigt, da ihm das alles zustößt? Wo ist er schuldig geworden? Hiob ist jedoch gänzlich unschuldig an seinem Leid. Er hadert mit Gott, klagt ihn an und findet letztlich zu einer ruhigen, friedlichen Haltung, in der er bereit ist, alles Irdische loszulassen und Gott zu vertrauen.

Die Geschichte endet damit, dass Gott ihm doppelt so viel Wohlstand schenkt wie vorher und er erneut Vater mehrerer Kinder wird. Hiob kämpft nicht mit dem Widersacher selbst, sondern damit, was die Schicksalsschläge in ihm auslösen. Hier finden seine eigentliche Auseinandersetzung und auch seine Erlösung statt.

Das Verhalten seiner Freunde, als diese nach dem Grund für sein Unglück suchen, steht für die Menschen, die glauben, dass man ein guter Mensch sein muss, dann würde der Erfolg ganz automatisch ins Leben kommen. All die schlechten Menschen würden nach diesem Denken folglich für ihr Verhalten bestraft werden, als logische Kausalität. Manche Menschen glauben, der Gescheiterte sei selbst schuld am eigenen Scheitern, er habe etwas Falsches getan, nicht positiv genug gedacht oder vielleicht das Glück herausgefordert.

Hiob beteuert am Ende seine Unschuld vor Gott und bekommt von diesem Recht zugesprochen. Ihn trifft also keine Schuld. Er ist vollkommen schuldlos gescheitert. Es geht in seiner Geschichte nicht um Schuldzuweisung, sondern um eine bewusste Neuausrichtung seines Herzens im Vertrauen auf Gott – auch wenn er die Gründe für sein Leid damit nicht erfährt.

Es geht nicht darum, Leid in unserem Leben zu verhindern oder zu eliminieren, sondern zu akzeptieren. Gott hat niemals versprochen, uns vor Leiden zu beschützen, stattdessen sagt er in Johannes 16,33: „Dies alles habe ich euch gesagt, damit ihr durch mich Frieden habt. In der Welt werdet ihr hart bedrängt, aber lasst euch nicht entmutigen: Ich habe diese Welt besiegt." Und vielleicht ist dies einer der kostbarsten Verse der Bibel.

Hiobs Geschichte kann hilfreich sein, um sich anzuschauen, wie er durch tiefstes Leid geht und trotzdem am Ende seinen Glauben an Gott nicht verliert. Scheinbar ist Hiob, zumindest von außen betrachtet, eine gescheiterte Existenz, wenn man, wie seine Freunde, davon ausgeht, dass er sich in einer Form schuldig gemacht haben muss, damit ihm so etwas zustößt. Manche Menschen meinen, man müsse nur Positives aussprechen, dann würde sich das Leid im Leben verflüchtigen, ja, man hätte das Scheitern durch negative Äußerungen gar herbeigeredet. Manche wollen dem Schmerz, den Scheitern unweigerlich mit sich bringt, gerne ausweichen und nehmen deswegen lieber Abkürzungen im Leben oder reden sich den Schmerz schön. Das hat jedoch nichts mit Optimismus zu tun, sondern lässt sich als „toxische Positivität“ bezeichnen.

Toxische Positivität bedeutet, negative Gefühle zu verdrängen und alles krampfhaft optimistisch sehen zu wollen. „Alles wird gut“ ist so ein Satz, der gerne verwendet wird, um andere zu trösten. Ist es tatsächlich so, dass Glück eine Frage der Einstellung, jede Krise eine Chance und jeder Rückschlag nur eine „Herausforderung“ ist? Ist eine krampfhaft positive Einstellung dazu tatsächlich die Lösung?

Eine positive Einstellung tut uns grundsätzlich gut. Man verfällt nicht in Pessimismus und bewahrt sich einen hoffnungsvollen Blick auf das Leben. Es gibt aber auch Situationen, in denen eine aus religiösen Motiven heraus erzwungene positive Einstellung tatsächlich mehr schaden als nutzen kann. Wenn man schlechte Gefühle einfach zur Seite schiebt, ist das keine gute Taktik. Genauso schwierig ist es jedoch, wenn man immerwährendes Glück als besonders wichtig betrachtet.

Der Film „Alles steht Kopf“[35] beschreibt ganz gut, für wie wichtig wir Menschen das Gefühl der Freude erachten. Die wichtigsten Ereignisse, an die wir uns erinnern, sind meist fröhliche Erinnerungen. Doch im Laufe des Films erkennt der Zuschauer, dass vor jedem freudigen Ereignis meist etwas Trauriges stattgefunden hat. Das wichtige Spiel wurde beispielsweise nicht gewonnen, und das Kind weint und findet Trost bei seinen Eltern. Dieses Gefühl des Geliebtseins beispielsweise verwandelt sich aus einer Trauererfahrung heraus in ein warmes Glücksgefühl. Das Leben besteht aus Höhen und Tiefen. Ohne Täler würden wir keine Gipfelspitzen kennen in Form von wunderbaren, glücklichen Momenten, die wir dann nur noch mehr schätzen.

Die Geburt meiner ersten Tochter war für mich ein traumatisches Erlebnis. Ich übertreibe nicht, wenn ich sage, dass ich beinahe dabei gestorben wäre. Tagelang konnte ich danach aufgrund von Blutverlust weder sitzen, geschweige denn aufstehen. Ich weinte viel, war hilflos und überfordert. Nicht nur davon, Mutter zu sein und diese Verantwortung zu übernehmen, sondern auch völlig traumatisiert und ohne Hilfe, das verarbeiten zu können. Ich wurde mit platten Phrasen abgebügelt wie „Gott hat euch beschützt" und „Schön, dass es dir jetzt gut geht".

Erst viele Jahre später hatte ich die Möglichkeit, mein Geburtserlebnis jemandem zu erzählen und dabei Anteilnahme und Verständnis zu bekommen. Jemandem, der da war, der nickte, mich in den Arm nahm und mir die Möglichkeit gab, dadurch zu heilen.

Wenn ich jetzt schreiben würde, dass du die Krisen deines Lebens immer sofort als Chance und als das Beste ansehen solltest, was dir passieren konnte, dann ist das toxische Positivität. Wir dürfen mit den Nerven am Ende sein, wir müssen nicht allem etwas Gutes abgewinnen.

Das Gegenteil von toxischer Positivität ist ebenfalls nicht gesund und nennt sich Verbitterung. Darüber habe ich im Kapitel „Scheitern durch andere“ bereits geschrieben.

Wenn Leid in unser Leben tritt, neigen wir dazu, zu jammern und zu klagen. Das ist menschlich. Wir dürfen uns auch bei Gott beschweren, ihn anklagen und ihm Vorwürfe machen. Aber irgendwann müssen wir uns eingestehen, dass uns das Jammern und Klagen wertvolle Energie raubt, wenn es zum Dauerzustand wird. Selbst wenn man die äußeren Umstände der Situation nicht ändern kann, kann man sich trotzdem bewusst machen, dass man allein selbst die Entscheidung trifft, wie man die Geschehnisse einordnet und darauf reagiert – auch wenn das manchmal sehr schwierig klingt und ist.

Sobald man aber erkennt, dass man den Problemen nicht hilflos ausgeliefert ist, muss man nicht mehr ohnmächtig akzeptieren, dass sie das eigene Empfinden beeinflussen und dominieren. Stattdessen kann man sich bewusst machen, dass man selbst in der Hand hat, was die Umstände mit einem machen, und dass es ein aktiver Prozess ist, die eigenen Gedanken zu kontrollieren. Denn auch diese beeinflussen die eigene Realität und Wahrnehmung. Es ist mir wichtig, zu betonen: Es geht mir nicht darum, jede Situation krampfhaft schönzureden oder ständig nur Positives auszusprechen. Es ist aber wichtig, sich bewusst zu machen, dass man mit negativen Gedanken Leid zusätzlich noch verstärken kann. Negatives Denken fällt uns oft leichter, aber um eine schwierige Situation zu meistern, brauchen wir Optimismus. Die Fähigkeit, die

Zukunft positiv zu sehen, bedeutet nicht, dass man alle Probleme unter den Teppich kehrt und alles rosarot sieht, aber sie kann dabei helfen, kreative Lösungen zu suchen. Man ist im tiefen Inneren davon überzeugt, dass sich alles irgendwie zum Guten wenden wird.

Aber wie gelingt es denn nun, einen gesunden Mittelweg zwischen Pessimismus und toxischer Positivität zu finden? Gesunder Optimismus schiebt negative Gefühle nicht zur Seite, ist aber voller Hoffnung auf ein gutes Ende. Das bedeutet, dass man die eigenen negativen Empfindungen durchaus wahrnimmt, sie nicht unterdrückt und stattdessen akzeptiert. Diese Form von Optimismus nennt man auch realistischen oder gefestigten Optimismus, wie ihn auch Marc Wallert bei seiner Entführung im Dschungel erlebt hatte. Mit diesem ist man eher in der Lage, selbst schwierigen Situationen etwas Sinnhaftes abzugewinnen. Gleichzeitig verliert man damit jedoch nicht den Blick auf das jetzige Sein, die Realität, in der man sich befindet.

Dein Zuspruch in schwierigen Zeiten:

**Du hast schon so viel geschafft,
da meisterst du auch diese Situation!
Du bist gut, so wie du bist.
Du bist genug.
Du wirfst alle Ängste und Zweifel
über Bord und bist selbstbewusst.
Du bist toll, einzigartig und mit
guten Fähigkeiten ausgestattet.**

Du bist geliebt.
Du bist wertvoll.
Hab Vertrauen in dich!
Akzeptiere deine Schwächen.
Lerne aus der Situation.
Sei dankbar für alles,
was du hast und bist.

Scheitern und durchhalten

Wenn uns die Niederlage trifft und wir im Tal unseres Erfolgs stehen, stellt sich die Frage: Sollen wir überhaupt weitermachen? Wenn sich etwas lohnt, wenn wir auf dem Weg sind, wird es immer ein Tal geben. Momente, in denen es sich schwer anfühlt, die anfänglichen Glücksgefühle verschwunden sind und es zäh erscheint. Viele Menschen geben auf, bevor sie es schaffen, aus dem Tal wieder herauszukommen. In manchen Fällen kann es auch durchaus Sinn machen, sich Zeit und Mühe zu sparen und etwas zu lassen, was man von vornherein nicht hätte tun sollen. In vielen Fällen aber ist Aufhören eine schlechte Idee. Schließlich hat man schon so viel Zeit und Mühe investiert! Aber wenn dieser Gedanke die noch einzige Motivation sein sollte, ist es eine gute Idee, sich grundsätzlich nochmals zu überlegen, aus welchem Grund man etwas tut. Es gibt einen Unterschied zwischen kurzfristiger Entmutigung und langfristigem Begeisterungsmangel.

Mit sechs Jahren wollte ich unbedingt Klavierspielen lernen. Ich hatte eine musikalische Früherziehung besucht, wo wir Kinder mit dem Klavier begleitet wurden. Das faszinierte mich. Begeistert nahm ich Unterricht, ungefähr zwei Jahre lang. Dann fing ich plötzlich jedes

Mal vor dem Unterricht an zu weinen, denn die Lehrerin war sehr streng. Meine Mutter konnte das mit ihr klären, und ich nahm noch weitere sechs Jahre Unterricht bei ihr, ohne Angst und Tränen. Ich wurde aber immer lust- und antriebsloser und wollte nach acht Jahren aufhören. Meine Eltern glaubten, es sei eines dieser Motivationstäler, und ließen mich deswegen noch zwei weitere Jahre spielen. Ich wurde immer schlechter, mein Klavierspiel entwickelte sich rückwärts. Nach zehn Jahren hatte ich mein letztes Vorspiel. Ich spielte etwas unglaublich Simples, was mir schon allein aufgrund meiner zehnjährigen „Expertise" unangenehm war. Dadurch war ich noch aufgeregter, und schließlich zitterten meine Finger so sehr, dass ich die Tasten nicht mehr treffen konnte. Es war so peinlich! Also stand ich auf, nahm meine Tasche, ging aus der Musikschule heraus und fühlte mich endlich frei. Ich hatte es geschafft, nie wieder würde ich Klavier spielen müssen, ohne es zu wollen!

In den Jahren danach fasste ich das Klavier nicht mehr an. Nein, man muss nicht immer durchhalten. Man darf auch etwas abbrechen und beenden.

Trotzdem: Wer sich dazu entscheidet, nicht aufzugeben, und das Tal, in dem es an Motivation mangelt, durchschreitet, der kommt dem Erfolg näher. Dabei ist es wichtig, kurzfristige Entmutigung nicht mit dem generellen Mangel an Begeisterung zu verwechseln und zu lernen, das eine vom anderen zu unterscheiden.

Mit reiner Hartnäckigkeit kann man im Leben viel erreichen, und wenn man dieses Durchhaltevermögen mit

Routinen unterstützt, hat man darüber hinaus auch noch Willenskraft für andere Lebensbereiche übrig.

Ich habe seit drei Jahren eine Routine, die sich während der Pandemie etabliert hat. (Neben dem Frühstücksfernsehen natürlich – kleiner Schmunzler meinerseits, am Rande.) Mein Mann bringt unsere Kinder morgens in die Schule und den Kindergarten. In dieser Zeit mache ich fünf bis zehn Minuten Pilates, trinke einen halben Liter Wasser und nehme mir fünf Minuten Zeit für Stille. Ich bete, lege Gott den Tag hin und werfe meine Sorgen in den Himmel. Dann, nachdem ich mich angezogen habe, schreibe ich mehrmals pro Woche Tagebuch. Manchmal mehr, manchmal weniger. Manchmal schreibe ich auf, was passiert ist, manchmal meine Wünsche sowie Ziele oder Visionen.

Wir alle haben Routinen: Zähne putzen, duschen oder Abendroutinen für die Kinder. Alle diese Routinen wurden so oft ausgeführt und eingeübt, sodass kein Durchhaltevermögen dazu mehr nötig ist. Wir denken nicht einmal mehr darüber nach. Sie sind zu einem Teil von uns geworden und werden automatisch ausgeführt.

Wir können Routinen etablieren, indem wir uns anfänglich für etwas belohnen, wenn wir sie durchgeführt haben. Diese Routinen können somit in kleinen Zielen etappenweise etabliert werden. Zu Beginn habe ich jeden Morgen nur drei Pilatesübungen gemacht. Dann wurden zehn Minuten daraus. Manchmal habe ich wenig Zeit, dann mache ich nur fünf Minuten Sport. Aber ich mache etwas und unterbreche nicht.

Selbstdisziplin kann man erlernen. Vielleicht denken wir bei diesem Wort an unseren letzten Versuch, als wir auf Zucker verzichten wollten und es nicht geschafft haben oder als wir uns vorgenommen haben, zweimal pro Woche Sport zu machen, und es nicht schaffen konnten, unseren inneren Schweinehund zu überwinden. Selbstdisziplin brauchen wir für alle unliebsamen Aufgaben und zur Verwirklichung unserer Ziele. Ich habe beispielsweise nie Lust auf meine Steuererklärung und mache sie trotzdem.

Disziplin bedeutet, dass man sein eigenes Verhalten kontrollieren kann. Dadurch kann man Rückschläge besser verarbeiten und sich besser motivieren. Mangelnde Selbstdisziplin erkennt man daran, dass man ständig Erklärungen und Gründe sucht, um etwas nicht zu tun. Aber das Gute daran ist: Selbstdisziplin kann man wie einen Muskel trainieren. Man startet mit kleinen Zielen, setzt die eigenen Ansprüche nicht zu hoch und gesteht sich auch einmal ein, etwas nicht schaffen zu können. Man entwickelt Routinen, geht Versuchungen aus dem Weg und motiviert sich, indem man sich sein Ziel immer wieder vor Augen führt. Außerdem darf man sich Belohnungen gönnen und gnädig mit sich selbst sein.

Es gibt Tage, da wollen wir einfach nur im Bett liegen bleiben, Serien schauen und Schokolade essen. Pausen sind völlig okay, solange wir dann wieder anfangen, unser Leben weiter gestalten und unsere Selbstkontrolle nicht komplett aufgeben.

Wie man Selbstdisziplin entwickelt:

1. Kleine Ziele setzen und steigern

2. Deadlines setzen

3. Sich für Teilerfolge belohnen

4. Prioritäten setzen

5. Unterstützung suchen

Scheitern und das Glück daran

Vor der Pandemie besuchte ich in Leipzig eine sogenannte „FuckUp Night". Unter anderem berichtete ein Akt-Fotograf von seinem beruflichen Scheitern und wie er sich wieder etwas Neues, nämlich Fotostudios, aufgebaut und was er aus seinem Versagen gelernt hatte. Die Veranstaltung war ausverkauft, denn die Menschen waren interessiert. Hatte das nicht etwas Voyeuristisches? Dieser Eindruck ergab sich mir jedoch nicht. Vielmehr war ein ehrliches Interesse vorhanden, um die eigenen Lernerfolge zu beschleunigen.

„To fuck up" bedeutet so viel wie „vermasseln". Diese Geschäftsidee florierte in Deutschland, einem Land, in dem wir keine gescheite Fehlerkultur haben. Gescheiterte Menschen präsentieren hierbei einem Publikum ihre persönlichen Misserfolge auf einer Bühne: Was lief schief, was würde man heute anders machen, was haben sie gelernt?

Auch erfolgreiche, fleißige und ambitionierte Menschen scheitern. Warum ist das so? Zu Beginn einer neuen Aufgabe ist die Euphorie oftmals groß, doch irgendwann weicht auch die anfängliche Begeisterung den Mühen und Herausforderungen. Rückschläge kommen. Manche wollen mit dem Kopf durch die Wand und erkennen vielleicht nicht, dass sie dabei rücksichtslos werden. Sie glauben, es besser zu können. Kontrollwut und Perfektionismus können dazu führen, dass man in Arbeit ertrinkt und Fehler macht. Vielleicht legen sie zu viel Wert auf Lob und Anerkennung, weil sie sich daran messen, und reagieren überempfindlich auf Kritik. Vielleicht vergleichen sie sich permanent, empfinden sich selbst als unzureichend oder bekommen einfach nie genug: Egal, was sie erreichen: Es ist nie genug. Und das treibt sie ohne Unterlass an.

Und doch ist es kein Untergang, Niederlagen zu erleben. Eigentlich kann man es sogar als Glück bezeichnen, scheitern zu dürfen. Denn ohne Enttäuschungen wüssten wir nichts über tiefe Freude in unserem Leben. Was ich damit meine, erkläre ich gleich ausführlicher.

Während Glück ein Zustand existenzieller Zufriedenheit ist und mit Heiterkeit einhergeht, so „währt Freude hingegen nur einen kurzen, intensiven Augenblick“[36], behauptet der Philosoph Charles Pépin. Freude, so meint er, ist heftiger, punktuell und irrational. Weiter schreibt er: „Zu viele Sorgen machen es unmöglich, glücklich zu sein, schließen aber Momente des Jubelns nicht aus.“[37]

Wenn wir am Ende eines langen Weges eine volle Ernüchterung erleben, aber zu einem späteren Zeitpunkt dann doch noch erreichen, was wir uns wünschten, ist die Freude darüber dann umso größer. Es ist eine besondere Art der Lebensfreude, wenn man durch harte Prüfungen gegangen ist.

Wir alle haben eine Pandemie erlebt und mussten in Lockdowns verharren, erduldeten nächtliche Ausgangssperren sowie Schließungen von Restaurants, Sportvereinen und

Kultureinrichtungen. Manche waren in Kurzarbeit oder verloren gar ihre wirtschaftliche Existenz. Wir konnten geliebte Menschen nicht mehr sehen oder nicht richtig Abschied nehmen. Mit diesen Erinnerungen im Gepäck erleben viele die kleinen Freuden des Alltags plötzlich viel wertvoller und bewusster als noch zuvor: der erste Kaffee im Lieblingscafé. Die Freundin im Freien beim Spaziergang umarmen. Der Hoffnungsschimmer, nachdem man das erste Mal wieder Livemusik hören konnte. Wer durch harte Prüfungen gegangen ist, weiß die kleinen Lebensfreuden tatsächlich häufig mehr zu schätzen. Vielleicht müssen wir immer wieder herausfordernde Zeiten erleben, um diese Freude neu zu entdecken.

Sich selbst in schwierigen Zeiten freuen zu können, gibt einem eine gewisse Lebensschwungkraft. Es ist die Freude „trotz allem" – eine Begeisterung, die man nicht verliert. Die alten Philosophen bezeichneten den unvollkommenen Menschen als „Progrediens", also als jemanden, der sich immer mehr verbessert, immer weiter vorankommt. Sich fortbilden und wachsen zu können, kann uns ebenfalls Freude schenken. Bestimmte Eigenschaften erreichen wir sogar nur, wenn wir scheitern.

Gestern las ich meiner fünfjährigen Tochter ein Buch über van Gogh vor. Seine Lebensgeschichte faszinierte mich. Er brach die Schule ab, machte eine Ausbildung zum Kunsthändler und war in diesem Beruf sehr erfolgreich. Schon immer zeichnete er aus Freude. Er zog von London nach Paris und dann wieder nach London zurück. Sein Beruf langweilte ihn jedoch und er versuchte, seine Berufung zu finden. Für eine kurze Zeit wurde er Pfarrer, aber das währte nicht lange, weil er bald darauf wieder entlassen wurde. Sein Bruder, der ebenfalls Kunsthändler war, ermutigte ihn, ein professioneller Künstler zu werden. Vincent war allerdings arm und zog wieder zu seinen Eltern aufs niederländische Land und schließlich nach Den Haag, um bei seinem Cousin Zeichenunterricht zu nehmen. Die beiden zerstritten sich jedoch. So zog Vincent umher, zeichnete in der Provinz, und wenn ihm das Geld ausging, schlief er im Freien und tauschte seine Zeichnungen gegen Verpflegung. Später, als er zu seinem Bruder nach Paris zog und dort begann, Selbstportraits zu zeichnen, weil er sich keine Modelle leisten konnte, wurden seine Gemälde farbenfroher. Wieder einige Zeit später zog er erneut um, dieses Mal mit einem befreundeten Maler in den Süden Frankreichs. Dort begann er, Sonnenblumen zu malen. Schließlich jedoch begannen die Freunde zu streiten, auch über ihre verschiedenen Ansichten von Kunst. Vincents Freund wollte abreisen und das brachte Vincent so sehr in Verzweiflung, dass er sich einen Teil seines Ohrs abschnitt. Irgendwann wurden die Symptome seiner körperlichen und geistigen Erkrankung immer sichtbarer, sodass er sich selbst für einen Krankenhausaufenthalt anmeldete. Dort bekam er einen freien Raum als Atelier zur Verfügung gestellt und malte alles, was er sehen konnte. Auch eines seiner berühmtesten Gemälde, die „Sternennacht“, entstand an diesem Ort.

Während seines Krankenhausaufenthalts wurden in Brüssel sechs seiner Werke gezeigt und eines davon verkauft. Er malte und malte, doch schließlich starb er an den

Folgen eines Selbstmordversuchs. Mit 37 Jahren hatte er sich in die Brust geschossen.

Was für ein gescheitertes Leben, möchte man denken. Doch ich sehe nicht nur die Tragik, sondern auch, wie lang er sich durchgebissen hat, wie zäh er immer wieder neu begann und wie nach seinem Tod seine Kunst erst richtig lebendig und gewürdigt wurde. Vincents Schwägerin kümmerte sich in den Jahren nach seinem Tod darum, dass seine Werke ausgestellt wurden, und veröffentlichte ein Buch mit seinen Briefen. Sein Neffe eröffnete später, im Jahre 1973, das Van-Gogh-Museum in Amsterdam.

Freude kann entstehen, wenn wir durchhalten müssen und uns dabei die Chance geben, innerlich zu wachsen und uns weiterzuentwickeln.

Wahre Freude kann auch in der Entsagung, im Verzicht entstehen. Was uns jedoch nur oberflächlich glücklich macht, wie Macht oder Konsum, bringt uns nicht zu wahrer Freude und zur Begegnung mit dem Wesentlichen.

Nicht umsonst hat Marie Kondō mit ihren Büchern und ihrer Sendung rund um glückliches Entrümpeln und Ausmisten so einen Erfolg gehabt. Minimalismus kann Freude machen, es kann tiefe Dankbarkeit und Freude erzeugen, mit so wenig wie möglich zu leben, zu reisen und all den Ballast im Leben loszuwerden.

**„Es braucht mehr als nur Talent.
Es braucht Nerven …
Nerven und harte, harte Arbeit.“**

Georgia O’Keeffe[38]

Auch Georgia O'Keeffe war eine begnadete Künstlerin und lebte Anfang des 20. Jahrhunderts. Schon als Kind war Georgia eine Künstlerin. Mit 13 Jahren kritisierte eine Lehrerin im Kunstunterricht ihre Zeichnung als zu klein. Das merkte sie sich für ihr Leben. Sie wurde selbst Kunstlehrerin und arbeitete in der Werbebranche, nahm Kunstunterricht und erkannte, dass sie als Künstlerin auch interpretieren durfte, was sie sah. Georgia malte mit Zeichenkohle und ein Freund stellte einige ihrer Werke 1916 in New York aus. Schon zu ihren Lebzeiten war Georgia mit ihren Gemälden erfolgreich, aber sie tat es vor allem aus Leidenschaft und für sich selbst. Ihre Gemälde wurden immer größer, größer als sie selbst und so groß, dass die Keilrahmen brachen, auf die sie gespannt waren. Sie probierte immer wieder etwas Neues aus. Sie töpferte, schrieb Briefe, arbeitete im Garten, schrieb ein Buch und hörte nicht damit auf, Kunst zu schaffen, selbst als ihr Sehvermögen schlechter wurde. Ihr Garten und ihr Haus sind heute ein Museum. Freude steckt in der Leidenschaft, im Durchhalten und in den vielen kleinen Dingen des Lebens.

Wie wir es schaffen,
nach Rückschlägen neu zu starten:

· Sich die Niederlage eingestehen

· Die Niederlage temporär sehen

· Trotzdem stolz auf sich sein

· Sich die eigene Stärke vor Augen halten

· Sich neue Ziele suchen

Scheitern und wieder aufstehen

Der japanische Autor Haruki Murakami sagte einmal: „Und wenn der Sturm vorbei ist, wirst du dich nicht mehr daran erinnern, wie du es geschafft hast, zu überleben. Du wirst nicht einmal sicher sein, ob der Sturm wirklich vorbei ist. Aber eines ist sicher: Wenn du aus dem Sturm herauskommst, wirst du nicht mehr derselbe Mensch sein, der hineingegangen ist. Genau darum geht es in diesem Sturm."[39]

Meine gute Freundin Evi Rodemann lernte ich auf einem privaten Wochenende kennen, bei dem sich einige Frauen zum Kennenlernen, Beten und Ausruhen trafen. Dort erzählte Evi von ihrem Scheitern, das mich sehr berührte. Sie arbeitete ehrenamtlich vor einigen Jahren in einem europäischen Jugendprojekt. Nach zweieinhalb Jahren fand der erste Kongress statt und Evi sollte die Bewegung leiten. Sie wurde Geschäftsführerin und wusste, dass sie genau dort war, wo ihre Berufung lag: im Fördern, Anfeuern und Stärken der jungen Generation.

Vier Kongresse fanden statt. Im Vorstand gab es Menschen, die nicht so begeistert davon waren, wie Evi diese gestaltete, aber sie nahm es trotz der Spannungen locker. „Ein 60-jähriger Mann muss auch nicht alles gut finden, was wir mit den Jugendlichen machen", dachte sie. Nach den Kongressen und neun gemeinsamen Jahren wurde sie gefragt, ob sie sich vorstellen könnte, sich noch einmal drei Jahre für die Bewegung einzusetzen. Der nächste Kongress sollte zwei Jahre später stattfinden. Evi liebte das Projekt, es passte zu ihr wie der Deckel zum Topf. Sie nahm sich Zeit, rang mit Gott und fragte sich, ob sie zusagen sollte. Dafür erhielt sie viel Ermutigung.

Doch plötzlich, als sie schon zugesagt hatte, holte sie jemand zu einem Gespräch und las ihr ein Statement vor, in dem stand, dass sie die Bewegung verlassen sollte. Evi hatte ehrenamtlich gearbeitet und lieber andere angestellt. Sie weinte, denn der Schmerz war riesig. Außerdem sollte sie keine Übergabe machen, sondern das Projekt einfach abgeben.

Evi ging also. Sie bekam nie ein „Danke" für ihre langjährigen Dienste, nie eine Art Anerkennung. Sie wusste nicht, warum sie nicht mehr weitermachen durfte, niemand nannte ihr einen triftigen Grund. Sechs Monate später plante die Bewegung einen Kongress ohne Evi und ihr ganzes Team, welches ebenfalls entlassen wurde. Sie trauerte, ebenso ihr Team. Aber Evi hatte wenig Kraft, gemeinsam mit ihnen zu trauern. Sie weinte bitterlich. Ihre Schlussfolgerung war klar: Zwar wollte sie nicht Gott den Rücken kehren, aber christlicher Arbeit definitiv. Ihre Selbstzweifel waren groß.

Einige Zeit später war die Bewegung mit einer sehr hohen Summe im Minus. Zum Kongress hatte sich niemand mehr angemeldet. Die Bewegung bat daher um Hilfsspenden, um die Kosten ausgleichen zu können. „Vergibst du wirklich?“, hörte Evi Gott sie fragen. So kam es, dass Evi Geld an die Organisation spendete, die sie so unehrenhaft entlassen hatte. Es tat ihr zwar weh, fühlte sich aber dennoch heilsam an.

Der Schmerz blieb noch eine ganze Weile bestehen. Evi fragte sich, was mit ihr falsch gewesen sein musste und ob sie jemals wieder leiten könnte. Sie fühlte sich ohnmächtig.

Es dauerte einige Jahre, bis dieses Erlebnis und die betroffenen Menschen keine Macht mehr über sie hatten. „Jetzt ist es genug mit dem Selbstmitleid“, sagte sie sich. „Wem kann ich noch ein Segen sein?“ Sie akzeptierte, dass sie keine Antwort mehr darauf bekommen würde, warum ihr gekündigt wurde. So wurden ihre Wunden zu Narben. „Eines Tages“, so sagte ein Amerikaner zu ihr, „wird dein Schmerz ein Werkzeug in deiner Werkzeugkiste sein.“

Es gab so viele Menschen, die in der Vergangenheit an sie geglaubt und sie geliebt hatten, aber die wollten direkt nach ihrer Kündigung nichts mehr mit ihr zu tun haben. Aber Evi entschied sich dafür, nicht mehr länger darüber zu grübeln, was sie falsch gemacht haben könnte, und sich nicht mehr selbst zu verdammen, sich dumm und unnütz zu fühlen, sondern sich darauf zu berufen, dass sie in Jesus zu einem neuen Menschen geworden war. Von ihm hatte sie eine neue Identität bekommen, als er in ihr Leben getreten war.

Manchmal jucken Evi die alten Narben noch heute. Es gab kein offensichtliches Fehlverhalten von ihr, aber aus manchen Netzwerken und Gremien musste sie dennoch austreten und trägt bis heute einen Stempel davon. „In Südafrika gibt es eine besondere Blume", sagt Evi und lächelt. „Wenn der Boden abbrennt, kommen Feuerlilien aus der Asche." Und das sollte sinnbildlich ihr Mantra, ihre Hoffnung, werden: Evi wollte gerne, wie eine Feuerlilie, wieder aus der Asche ihrer Vergangenheit auferstehen. Bis auf ihre Familie hatte sie alles verloren und sich selbst mit dem identifiziert, was nun nicht mehr da war. Ihr Herz, ihre Leidenschaft und ihr Geld hatte sie in diese Bewegung investiert. Bis heute tut es ihr manchmal noch weh, obwohl sie mittlerweile viele neue Jobangebote bekommen hat. Inzwischen haben sich auch zwei Personen aus dem damaligen Vorstand bei ihr entschuldigt. Durch ihr (scheinbares) Scheitern wurde Evi großherziger, demütiger und nachsichtiger. „In jedem von uns steckt Schmerz", sagt sie, „und wir können am Schmerz des anderen andocken, sodass Heilung hervorkommt." Evi scheiterte zwar nicht schuldlos in den Augen von anderen, und bestimmt hatte sie nicht alles richtig gemacht, aber immer das Beste gewollt. In ihren eigenen Augen scheiterte sie jedoch schuldlos und musste sich entscheiden, wie sie damit umgehen wollte.

Der Priester Henri Nouwen sagte einmal: „Zwischen Erfolgreich-Sein und Fruchtbar-Sein besteht ein großer Unterschied. Erfolg kommt von Stärke, von Machtausübung und Ansehen. Ein erfolgreicher Mensch besitzt die Energie, etwas zu schaffen, seine Entwicklung zu beeinflussen und es in großen Mengen verfügbar zu machen. Erfolg bringt Preise, Auszeichnungen und oft Berühmtheit ein. Früchte hingegen erwachsen in der Schwachheit und Verwundbarkeit. (..) Und Nähe ist die Frucht, die im gegenseitigen Berühren der eigenen Wunden reift."[40]

Wir werden stark durch Krisen in unserem Leben und können gestärkt aus Versagensgeschichten herausgehen. Es ist möglich, resilient durch tiefe Täler zu wandern und Feuerlilien aus der Asche wachsen zu lassen.

Im Film „Joseph" von Walt Disney sieht man, wie die gleichnamige Hauptfigur von seinen Brüdern in die Sklaverei nach Ägypten verkauft wird. Sie sind eifersüchtig auf ihn, da er der Lieblingssohn des Vaters ist und Träume hat, die ihn sinnbildlich als König zeigen. Und Joseph ist in der Tat besonders: Am Hof des ägyptischen Pharaos steigt er in kurzer Zeit die Karriereleiter hinauf und die Prinzessin wird auf ihn aufmerksam. Als er sich nicht von ihr verführen lässt, sorgt sie dafür, dass er ins Gefängnis geworfen wird. Joseph hat nun nichts mehr: Seine Familie hat ihn verkauft und er sitzt schuldlos im Gefängnis. Sein Leben liegt in Scherben und es gibt keine Hoffnung mehr.

Und dann spielt Disney einen Song ein, der das Herz berührt. Man sieht, wie Joseph in der Gefängniszelle sitzt und eine kleine Blume pflanzt, sie wässert, sich um sie sorgt und sie wachsen lässt. Er hat eine kleine Aufgabe, einen Lebenssinn, gefunden und kommt trotz seines Unverständnisses über den Lauf der Dinge zu dem Schluss, dass Gott schon wissen wird, was er tut. Im Vertrauen auf Gott findet Joseph neue Hoffnung.

Es ist die Verbindung von Resilienz, Hoffnung und Selbstvertrauen, die uns an den Punkt führen kann, an dem wir wieder Licht sehen und aus unserem Scheitern etwas Neues, Besseres, Wunderbares entstehen kann. In der Krise haben wir so viel gelernt, und aus unseren Schwächen sind Stärken geworden.

In meinem Podcast „Immer besser scheitern" hatte ich René Wagner zu Gast. René ist Pastor und Gründer in Leipzig und darin ziemlich erfolgreich. Er hat eine tolle Frau, gesunde Kinder und viele Freunde. Er ist ein cooler Typ, einer von diesen Menschen, mit denen man befreundet sein möchte. Nicht nur, weil dann etwas von seiner „Coolness" abfärben könnte, sondern weil er so freundlich, herzlich, lustig und nahbar ist. Er ist jemand, in dessen Gemeinschaft man sich gerne befindet. Trotzdem ist René Gast in meinem Podcast und spricht über Scheitern. Aufgrund einer chronischen Darmkrankheit war er zeitweise voller Schmerzen wochenlang ans Bett gefesselt. In dieser Zeit konnte er weder ein guter Ehemann noch ein guter Vater sein. Er schaffte es lediglich, sonntags eine Predigt zu halten, dann legte er sich wieder ins Bett. René ist ein authentischer Mensch, spielt nichts vor und erzeugt dadurch Nähe. Wenn ich ihn treffe, fühlt es sich so an, als würde ich einen engen Freund wiedersehen. Auch seine Frau ist ein Herzensmensch. Hätten sie und ich mehr Zeit, wären wir enge Freunde. Wenn wir uns begegnen, sind unsere Gespräche tief, ehrlich, und wir fühlen uns einander nah. Es ist das Offenbaren von Schwachheit und Scheitern, das Nähe schafft und damit eine einzigartige Frucht hervorbringt, die, wie Henri Nouwen sagt, nur durch Verwundbarkeit entsteht.

Ich habe einmal den Satz gelesen: „Hinter jedem Erfolg steckt ein Scheitern", und habe ihn mir so deutlich gemerkt, weil er mich getriggert hat. „Ja", dachte ich, „natürlich, denn wir scheitern ja alle irgendwie, irgendwann." Aber nicht nach jedem Fehler sind wir anschließend erfolgreich, heilig oder perfekt. Wir werden wieder scheitern und Fehler machen. Warum setzen wir uns dann diesem Optimierungswahn aus, unbedingt Erfolg haben zu müssen? Oder anders gefragt: Wie lässt sich Erfolg denn überhaupt messen?

Die Seelsorgerin Sina Schröder erzählte mir von der Holocaust-Überlebenden und Psychologin Dr. Edith Eger, die einen Weg heraus aus der Optimierungsspirale, immer besser und erfolgreich sein zu müssen, gefunden hat. Frau Eger sagt, dass wir als Mensch nur unperfekt sein können, unoptimiert und immer im Versuch, in Liebe mit uns selbst und unseren Mitmenschen zu sein. Sie nennt diesen Realismus Hoffnung. Die Hoffnung rechnet folglich bereits damit, dass es Momente des Scheiterns, Schwierigkeiten, dunkle Zeiten und Schicksalsschläge geben wird. Aber Hoffnung fokussiert sich dennoch auf das Gute: dass man wachsen kann an seinem Scheitern, vielleicht etwas daraus lernen wird oder die dunklen Zeiten möglicherweise eine Lektion mit sich bringen, die einen weiterbringen kann. Sina sagte zu mir: „Das Leben hat gute und schlechte Tage, aber ich klebe an der Hoffnung, dass am Ende alles gut werden wird. Es ist kein blinder Hurra-Optimismus und kein Zweck-Pessimismus, sondern eine gesunde Haltung dazwischen, die Wachstum mit sich bringt, welches in die Tiefe geht."

Wir scheitern alle und haben oftmals Lektionen daraus gelernt, die wir sonst nie begriffen hätten. Scheitern ist häufig die Grundlage für persönliche Reifungs- und Entwicklungsprozesse, und Dunkelheit und Stille werden oftmals Orte echter Veränderung und Gottesnähe. Wenn wir uns öffnen und nahbar machen, können wir alle gemeinsam eine Nähe und Authentizität erschaffen, die gegen den scheinbaren Erfolg, den Druck und die glitzernde Social-Media-Welt ein Zeichen setzen.

Wie man psychisch belastbarer wird:

Lass dich von einer Krise nicht zugrunde richten.
Optimismus hilft dabei, widerstandsfähiger zu werden.
Beginne, lösungsorientiert zu denken, anstatt dich gedanklich nur in Worst-Case-Szenarien zu verlieren.
Finde ein soziales Netz, das dich unterstützt.
Werde organisierter und zuverlässiger.

Scheitern bewältigen

Bewältigungsstrategien, im Englischen „Coping“ genannt, können uns dabei helfen, Schwierigkeiten zu überwinden.

In keiner meiner kleinen und großen Lebenskrisen, in keinen Momenten des Scheiterns habe ich mir analytisch überlegt, wie ich erfolgreich durch sie hindurchgehe. Diese Momente, Tage, Wochen oder Monate fühlten sich eher dunkel und hilflos an. Und da war ich – strauchelnd, immer im Versuch, wieder Land unter die Füße zu bekommen, nicht durchzudrehen oder depressiv zu werden, und mit dem kleinen Finger an der Hoffnung festhaltend.

Ich kenne wenige Menschen, die dem Schmerz nicht ausweichen. In meinem Bekanntenkreis gibt es einen Freund, der in der Coronazeit einen Burn-out bekommen hat und in eine Klinik kam. Dort erkannte er, dass er ein Kindheitstrauma mit sich herumschleppte, welches sich auch auf seine Ehe und die Beziehung zu seinen Kindern negativ auswirkte. Er stellte sich seinem Schmerz und wich ihm nicht aus. Zu Hause erzählte er seiner Frau davon, auch, dass er am liebsten wegrennen würde. Und auch sie stellte sich diesem unbändigen Schmerz, den das Gefühl einer drohenden zerbrechenden Ehe auslöst und wenn nichts mehr so ist, wie es scheinbar einmal war. Wenn der Boden der scheinbaren Glückseligkeit zerbricht und man feststellt, dass man auf morschem Holz gebaut hat und nun ein neues Fundament setzen muss, obwohl man vorher noch nie Beton angemischt hat. Es ist eine bewundernswerte Leistung, nicht wegzulaufen, sich abzulenken, sich nicht in Süchten zu verlieren und damit zu betäuben. Denn selbst wenn man denkt, der Schmerz und das Problem würden verschwinden, wenn man ans andere Ende der Welt zieht, so ist das ein Trugschluss. So oder so, irgendwann muss man sich dem Schmerz zwangsläufig stellen. Und nur wenn wir mutig sind und uns unsagbarem Schmerz und Zerbruch stellen und ihn durchleben, können wir daran wachsen.

Bei Bewältigungsstrategien kann man zwischen problemorientiertem und emotionsorientiertem Coping unterscheiden. Bei Ersterem geht es um das Finden von Lösungen, bei Letzterem um eine bewusste Regulierung der Gefühle. Je nach Problem wendet man Ansätze einer der beiden Strategien an. Wenn man eine Herausforderung tatsächlich kontrollieren kann, kann das problemorientierte Coping hilfreich sein. Wenn man keine Handlungsmacht besitzt, kann einem emotionales Coping dabei helfen, zumindest quälende rotierende Gedanken zu beenden.

Fünf Ideen, um belastende Gedanken aus dem Kopf zu verbannen:

Meditation

Bibellesen

Gebet

Spaziergang

Sport

...

Wir finden es oft bequemer, die Schuld am Scheitern auf andere Menschen zu schieben, auf die Umstände oder vielleicht sogar auf Gott oder den Teufel. Vielleicht hat Gott etwas verhindert, vielleicht wollte er uns strafen, oder vielleicht will der Teufel unser Leben zerstören? Eigenverantwortung, sofern sie in der jeweiligen Situation eine Rolle spielt, zu erkennen und zu akzeptieren, ist der erste Schritt, um an den eigenen Umständen etwas ändern zu können. Schuldzuweisungen bringen einen nicht weiter, stattdessen überlässt man damit die Handlungshoheit anderen Menschen und begibt sich in eine Opferhaltung.

Wir haben fast immer die Chance, selbst zu bestimmen, wie wir mit einer Situation umgehen wollen. Besser wäre es, wir würden die Verantwortung zur Bewältigung der Probleme, die sich uns stellen, übernehmen und uns nicht passiv verhalten, sondern als aktiver Teil der Lösung. Wir sind nicht hilflos ausgeliefert. Aber wie kann das praktisch aussehen?

Manchmal machen wir die Umstände für unser Scheitern verantwortlich und werten das erhoffte und nicht erreichte Ziel ab, indem wir es schlechtmachen: „Der Job hätte mir eh nicht so viel Freude gemacht“, sagen wir beispielsweise, wenn unsere Bewerbung abgelehnt wird. Das ist eine Form von Selbstschutz und rettet im ersten Moment vielleicht den eigenen Selbstwert.

Allerdings: Wie können wir aus Fehlern lernen, wenn wir vor ihnen die Augen verschließen? Um eine Lektion zu lernen, muss man sich ja erst einmal eingestehen, etwas falsch gemacht zu haben oder zumindest nicht erfolgreich gewesen zu sein.

Eine andere Möglichkeit, mit dem Scheitern umzugehen, könnte sein, anzunehmen und hinzunehmen, was sich nicht mehr ändern lässt. Hier wäre das Ziel also, die Unumkehrbarkeit der Situation zu akzeptieren, anstatt sinnlos dagegen anzukämpfen.

Der für mich wunderschönste Weg ist jedoch, mich auch im Scheitern von Jesus getragen zu wissen. In der Hoffnung, dass wir uns in der zukünftigen Rückschau auf unser Leben in unserem Scheitern als von Gott getragen erkennen. Wer an Gott glaubt, muss sich nicht mehr so sehr an die Welt und das eigene Ansehen klammern.

„Christen sollten einander helfen, die anklagende Stimme zum Schweigen zu bringen. Einander so zu lieben, wie Gott uns liebt. Uns selbst so zu lieben, wie Gott uns liebt. Einander an die wahre Stimme Gottes zu erinnern. Und es gibt nur eine Möglichkeit, das zu tun: indem wir, ohne uns zu entschuldigen und in aller Demut, wir selbst sind. Indem wir nicht so tun, als ob. Indem wir echt sind. Wirklich. Unser tatsächliches, nichtideales Ich.“

Nadia Bolz-Weber[41]

Scheitern und wahre Liebe

Wir alle tragen irgendwo Schmerz in uns. Die einen mehr, die anderen weniger. Wir suchen Liebe an den verrücktesten und seltsamsten Orten und treffen auf Menschen, die ebenso viel Schmerz in sich tragen. Wir verrennen uns in Beziehungen, in Freundschaften, lenken uns ab, trinken zu viel Alkohol, kaufen zu viele Nichtigkeiten, und all das oftmals nur, um mit unserem Schmerz nicht konfrontiert zu werden. Mit dieser tiefen, endlos schmerzenden inneren Wunde, die so wehtut, dass sie eitert. Geht sie vielleicht weg, wenn wir sie ignorieren oder wir einen Partner finden, der wie ein Seelenverwandter perfekt zu uns passt und mit dem wir ein gutes Leben haben? Doch wir sind selbst verantwortlich für die Bewältigung unseres eigenen Leids, unseres eigenen Mangels.

Es hat Zeiten gegeben, in denen ich nicht wahrhaben wollte, dass Gott die Kraft und Lösung sein kann für all meinen Kummer. Doch inzwischen glaube ich, dass wir, um heil zu werden, tatsächlich in unser Sein hinabsteigen müssen, um in uns Gott zu finden. Ich bin auch der Überzeugung, dass im Glauben die größte Heilkraft steckt und wir eigentlich satt sind von all der oberflächlichen, ausweichenden Konsumorientierung, dem schnelllebigen Erfolg, der immer mehr möchte. Wir suchen nicht nur Glück, sondern Sinn, Frieden und Erfüllung. All die Hilflosigkeit, all die Angst und das Gefühl, das eigene Leben gegen die Wand gefahren zu haben, darf der Antwort Gottes, seiner wahren Liebe zu uns, begegnen.

Diese Hinwendung zu Gott ist ein Ausbruch aus dem immer weiter steigenden Druck, etwas leisten zu müssen, erfolgreich zu leben und nie gut genug zu sein. Immer gibt es jemanden, der es noch besser macht, immer wieder gibt es neue Anforderungen, niemals scheint es zu reichen. Wir rennen durchs Leben, fallen, straucheln und stolpern weiter. Wir sind erschöpft, ausgezehrt und immer angetrieben.

Egal, ob wir an Gott und Jesus glauben oder uns langsam an eine göttliche, spirituelle Macht als Existenz herantasten: Es gibt etwas, das über unser jetziges, irdisches Leben hinausgeht. Diese höhere Macht, ich nenne sie Jesus, ist nicht abstrakt, sondern liebevoll präsent in unserem Leben. Gott ist allumfassende Liebe und wir sind mit ihm verbunden. Wir sind also Teil dieser Liebe, und durch unsere Verbundenheit mit ihm fließt sie auch aus uns wieder heraus in die Leben anderer. Eine tiefe Verbindung zu Gott bringt Veränderung in unser Leben. Er ist keine von uns getrennte, richtende Gestalt, die uns büßen lässt, sondern die allumfassende, uns innewohnende Präsenz, die in all unseren Verletzungen, Wirrungen und Irrungen die Liebe freisetzen möchte.

Wenn wir dazu ein Ja finden, werden wir liebevoller und sanftmütiger mit uns selbst, gehen achtsamer mit unserem Leben und dem Schmerz darin um, lernen, uns anzunehmen, und können uns vertrauensvoll fallen lassen und aus uns heraus schöpfen. Wir beginnen dadurch zu ahnen, dass wir uns annehmen können und nicht mehr nach etwas suchen müssen, das uns Wert gibt und unser Scheitern wettmacht. Dann ruhen wir in uns selbst, werden echt und authentisch. Gott ist mit seiner Präsenz da, füllt uns aus und wohnt in uns. Der Heilige Geist wohnt in uns, füllt uns aus in jeder Zelle. Das bedeutet, dass so viel Liebenswertes zwischen all unseren Irrungen, Schmerzen und Verletzungen ruht. Unsere Seele, im Hebräischen „Nephesh" genannt, ist fest verbunden mit „Ruach", dem Atem Gottes, den er in uns hineingeblasen hat. Jeder Atemzug zeugt also vom Wirken und Sein Gottes in unserem Leben. Wir sind Teil eines großen Ganzen. Wenn wir uns bewusst machen, wie uns allein der Atem in eine göttliche Lebensverbindung bringt, wenn wir uns erlauben, zu glauben, dass wir geliebt und wunderbar geschaffen sind, wird sich diese Wahrnehmung immer mehr in unserem Leben manifestieren und sichtbar werden. Wir lernen, Grenzen zu ziehen und mehr bei uns anzukommen, in einem höchst authentischen Leben, in unserem Selbst verwurzelt. Wir können erleben, dass Gottes Liebe aus uns herausfließt, und bekommen Gottvertrauen.

Manchmal müssen wir in unserem Leben an einen Abgrund kommen, völlige Sinn- und Ausweglosigkeit erfahren und das Gefühl haben, jegliche Kontrolle zu verlieren, um uns in diesen Prozess begeben zu können.

Im Jahr 1986 wurde ich in der DDR geboren. Normale Menschen besaßen dort weder ein Telefon noch ein Auto.

Dieses Privileg war nur bestimmten Personengruppen vorbehalten, meine Eltern gehörten nicht dazu. Ich war ein ersehntes Wunschkind. Meine Geburt verlief schwer, meine Mutter hätte dabei auch sterben können. Monatelang konnte sie danach weder sitzen noch laufen, hatte viel Blut verloren und musste ein sehr traumatisches Erlebnis verarbeiten. Für mich war es ein schwieriger Start ins Leben und er wurde noch dramatischer. Da ich zu klein war, um mich selbst daran erinnern zu können, erzähle ich die folgende Geschichte aus der Erinnerung an die Erzählung meiner Eltern.

Ich war nur wenige Tage alt und meine Eltern badeten mich abends, wie schon einige Male zuvor, liebevoll. Sie liebten mich, ich war ihr Goldschatz. Mein Vater redete verzückt auf mich ein und wusch mich mit einem Waschlappen ab. Plötzlich geschah das Unfassbare: Mein Kopf brach auf und Eiter floss in Strömen heraus. Meine Eltern schrien vor Schreck, legten mich auf die Wickelkommode und wussten nicht, was sie tun sollten. Es stank, die Krankheit kroch durch das kleine Badezimmer und der Eiter floss immer weiter. Mein Vater nahm mich in den Arm, meine Mutter ging zur Nachbarin und bat sie, zur nächsten Telefonzelle zu gehen, die 400 Meter entfernt war. Niemand im Mietshaus hatte ein Telefon. Sie selbst konnte aufgrund ihrer Geburtsverletzungen nicht so weit laufen und mich auch nicht halten. Etwas widerwillig ging die Nachbarin los und rief den Notdienst.

Meine Mutter lief wieder zu meinem Vater und mir. Beide weinten, beteten und schrien Gott um Hilfe an. Die

Minuten vergingen nur langsam. Nach 45 Minuten klingelte es an der Tür und der Rettungswagen war da. Die Notärztin betrat das Bad, sah mich kurz an und sagte zu meinen Eltern: „Warum haben Sie nicht gesagt, wie schlimm es ist? Ich weiß nicht, ob wir da noch etwas machen können!“

Sie packten mich in den Krankenwagen und mein Vater durfte mich begleiten. Dort machten sie ihm jedoch keine Hoffnung: „Ihre Tochter wird sterben. Sie hat Kopfschwarten-Phlegmone, wir müssen sie chirurgisch behandeln. Und wenn sie es doch schaffen sollte – die Wahrscheinlichkeit ist sehr gering –, wird sie große Hirnschäden davontragen und ihr Leben mit Einschränkungen verbringen.“

Mein Vater durfte nicht bei mir bleiben. Zu Fuß ging er im Dunkeln mit einem großen inneren Herzschmerz nach Hause. Er schloss die Tür auf und meine Eltern verbrachten die nächsten Stunden auf ihren Knien im Wohnzimmer. Sie weinten, ihr ganzer Schmerz lag auf dem Boden des Wohnzimmers. Tiefste Verzweiflung überkam sie. Ihr Wunschkind, ihr ganzer Stolz und ihre gemeinsame Liebe, hatte nun eine schwerwiegende Infektion und sollte sterben.

Doch dann geschah etwas, was beide als übernatürliche Gottesbegegnung erzählen und was sie noch 35 Jahre später zutiefst berührt. Inmitten all ihrer Tränen hörte mein Vater eine Stimme. Nicht in seinem Herzen oder in seinem Kopf. Sondern laut, mitten im Wohnzimmer. Er hörte die Worte: „Fürchtet euch nicht. Es wird unbeschadet an ihr vorübergehen.“

Was für ein Trost! Was für eine übernatürliche, mystische Begegnung inmitten einer der größten Krisen, die man als Eltern erleben kann. Was für ein Hoffnungszeichen und Kraftanker in dieser Not!

Und tatsächlich, da ich hier nun dieses Buch schreibe, kann ich bezeugen, dass ich kerngesund aus der Klinik gekommen bin. Für damalige Zeiten war das ein Wunder.

Es ist mein tiefer Wunsch, dass Menschen es wagen, ein Gebet zu sprechen, um Hilfe zu bitten, und diese tiefe, bedingungslose Liebe bei Gott finden, die mächtige Prozesse im Leben anstoßen und Veränderung bringen kann.

„Eines Nachts hatte ich einen Traum:

Ich ging am Meer entlang
mit meinem Herrn.
Vor dem dunklen Nachthimmel
erstrahlten, Streiflichtern gleich,
Bilder aus meinem Leben.
Und jedes Mal sah ich
zwei Fußspuren im Sand,
meine eigenen
und die meines Herrn.
Als das letzte Bild an meinen Augen
vorübergezogen war,
blickte ich zurück.
Ich erschrak, als ich entdeckte,
dass an vielen Stellen meines
Lebensweges nur eine Spur
zu sehen war.

**Und das waren gerade die
schwersten Zeiten meines Lebens.
Besorgt fragte ich den Herrn:
Herr, als ich anfing,
dir nachzufolgen, da hast du mir
versprochen, auf allen Wegen
bei mir zu sein.
Aber jetzt entdecke ich, dass in
den schwersten Zeiten meines
Lebens nur eine Spur im
Sand zu sehen ist.
Warum hast du mich allein gelassen,
als ich dich am meisten brauchte?**

Da antwortete er:
Mein liebes Kind,
ich liebe dich und werde dich
nie allein lassen, erst recht nicht
in Nöten und Schwierigkeiten.
Dort, wo du nur eine Spur gesehen
hast, da habe ich dich getragen.“

Margaret Fishback Powers[42]

„Gott aber, von dem ihr so viel unverdiente Güte erfahrt, hat euch durch Christus dazu berufen, nach dieser kurzen Leidenszeit in seine ewige Herrlichkeit aufgenommen zu werden. Er wird euch ans Ziel bringen, euch Kraft und Stärke geben und dafür sorgen, dass ihr fest und sicher steht."

1. Petrus 5,10

Wahre Liebe zeigt sich auch in der verzeihenden Güte und Nachsicht und im christlichen Sinne durch die Barmherzigkeit Gottes, in Form von Wohlwollen und Segen. Wahre Liebe ist Gunst und die Zuneigung Gottes.

Gottes Gnade ist nicht als herablassendes Gönnen zu verstehen, sondern als ein tiefes Wohlwollen. In Jesaja 54,8 und 10 steht:

> **„[M]it ewiger Gnade habe ich mich über dich erbarmt, spricht der HERR, dein Erlöser. [...] Denn die Berge mögen weichen und die Hügel wanken, aber meine Gnade wird nicht von dir weichen und mein Friedensbund nicht wanken, spricht der HERR, dein Erbarmer."**
>
> (ELB)

Jesus ist nicht nur der Inbegriff von wahrer Liebe. Gott ist auch langmütig und freundlich, er rechnet das Böse nicht zu, freut sich nicht über Ungerechtigkeit, aber an Wahrheit. Er erträgt alles, glaubt alles, hofft alles und duldet alles.*

Gott liebt uns unverdient. Nicht nur, wenn wir uns gut benehmen, anständige Menschen sind oder uns nichts vorzuwerfen haben, sondern immer. Er erwartet keine Leistung von uns, um uns lieben zu können.

In der dunklen Zeit meines Lebens, als ich in Trennung von meinem ersten Mann lebte, weinte ich jeden Tag, stundenlang. Manchmal lag ich auf dem Boden und weinte, bis

---

* Nach 1. Korinther 13

dieser ganz nass unter mir war. Manchmal konnte ich morgens nicht aufstehen. Zu schwer war alles und zu traurig. Ich hatte alles verloren, so schien es mir, und fühlte mich miserabel. Nur vor Gott hatte ich das Gefühl, völlig echt sein zu dürfen. Ich wusste, was er sich von mir wünschte. Er wollte keine Show, kein „So-tun-als-ob". Er freut sich, wenn wir uns echt zeigen, wenn wir unser Herz öffnen.

Der Reformator Martin Luther musste im 16. Jahrhundert um sein Leben fürchten, prangerte er doch die ganzen Einnahmen der katholischen Kirche mehr als kritisch an. Aber er hatte erkannt: Wir müssen kein Geld zahlen, um uns aus der Hölle freizukaufen, wie es die Kirche den Menschen damals erzählte*, denn wir sind aus reiner Gnade gerettet! „Sola Gratia", nur die Gnade kann uns retten, wie Luther es auf den Punkt brachte. Gute Werke und der Versuch, ein besserer Mensch zu werden und anderen Menschen nicht zu schaden, sind anschließend die nächsten Schritte. Aber dieser geschieht nicht deswegen, weil wir ansonsten verdammt wären, sondern einfach als Reaktion auf Gottes Liebe, aus Liebe zu ihm, unseren Mitmenschen und schließlich zu uns selbst.

Nehmen wir diese Gewissheit der Gnade und Liebe Gottes als ganz persönliches Geschenk für uns an? Oder wollen wir immer noch durch Leistung und Frömmigkeit beeindrucken? Schaffen wir es, uns einfach bei Gott auszuruhen? Denn wir müssen nichts leisten.

---

* Diese überaus fragliche Einnahmequelle der Kirche ist im historischen Verständnis als „Ablasshandel" bekannt.

Erst als ich verstand, dass mich absolut nichts von der Liebe Gottes trennen kann, wurde ich frei. Ich konnte mündige Entscheidungen treffen, durfte mir ein neues Leben aufbauen, fühlte mich getragen und gehalten durch meinen Glauben und in der tiefen Gewissheit, dass ich jeden Tag Gnade erlebe.

**„Gnade bedeutet,
dass all deine Fehler jetzt
einem Zweck dienen und nicht
mehr der Schande.“**

Autor unbekannt (frei übersetzt)

Scheitern und trotz Krisen Rückhalt finden

Ich verbringe ein sehr gemütliches Wochenende in einem Dorf irgendwo im Ruhrpott im Haus von Freunden. Jedes Jahr richtet unser Freundeskreis ein Martinsgansessen aus, und dieses Jahr haben wir uns dafür alle ein ganzes Wochenende lang in einem wunderschönen Haus einquartiert. Der Opa unserer Freundin hat hier gewohnt. Die Dielen krachen und ächzen bei jedem Schritt, die Kerzen spiegeln sich in den großen Sprossenfenstern, und ich verlaufe mich auch nach 48 Stunden noch in diesem großen Haus mit den vielen Türen. Es ist Samstagabend. Die Martinsgans liegt schwer im Magen, die kleinen Kinder sind schon im Bett und ich schnappe mir meine Zeitschrift, die ich mir am Tag zuvor noch schnell gekauft habe. Während ich gemütlich auf dem Sofa liege und die Gespräche seicht über mich dahinplätschern, bin ich innerlich aufgeregt, denn ich lese ein spannendes Interview mit dem Psychotherapeuten Andreas Knauf.

In diesem sagt er, dass es Zumutungen im Leben gibt, die so heftig und ungerecht sind, dass sie für einen einzelnen Menschen nicht tragbar sind. Es braucht Unterstützung und Halt von außen, und er bedauert, dass unsere Gesellschaft sich so sehr säkularisiert hat, dass die

Bewältigungsstrategie des spirituellen Rückhalts für viele keine Option mehr darstellt. Denn es kann helfen, Gott anzuflehen und zu beten. Gerade wenn Dinge im Leben geschehen, die über den Möglichkeiten dessen liegen, was eine Psychotherapie „heilen“ kann, wäre es leichter, man könnte sich mit einem Schicksalsschlag an einen Gott wenden und in diesem Glauben Halt zur Lebensbewältigung finden. Denn, so sagt er, „in einer Kultur, in der wir vermeintlich die Gestalterinnen und Gestalter unseres Lebens sind, da fällt uns unsere Haltung zum Leben auf die Füße“[43].

In der Tat ist Selbstwirksamkeit ein hohes Gut, aber manchmal sind Krisen ungerechtfertigt, kaum ertragbar und zumutbar. Und dann (vielleicht aber auch nicht erst dann!) ist es gut, sich in einen Glauben retten zu können, zu einem Gott, den man anflehen kann.

Es ist eine besondere Art der „Schicksalsergebenheit“, wenn man die innere Haltung einnimmt, dass Gott das eigene Leben in seinen Händen hält. Wenn wichtige Träume und Sehnsüchte sich nicht erfüllen, kann Trauer dabei helfen, den Verlust zu bewältigen. Auch wenn Krisen übermächtig erscheinen, ist die Annahme ebendieser wichtig, um Handlungsspielräume auszuloten. Die Annahme ist demnach nicht passiv und still, sondern erst aus dieser Haltung heraus kann eine Handlung erfolgen und eine lösungsorientierte Suche beginnen, wie ich es schon einige Kapitel weiter oben ausführlich beschrieben habe. Wenn ich beispielsweise in meiner Ehe Probleme habe, muss ich diese zunächst anerkennen und kann dann etwas dagegen tun. Wenn ich keine Kinder haben kann, gibt es vielleicht andere Möglichkeiten, diese in meinem Leben zu haben.

Während ich diese Zeilen schreibe, ist es kalt in meinem Arbeitszimmer. Die Heizung ist noch ausgedreht und eine Kerze flackert neben mir. Die aktuellen Zeiten wirken auf mich übermächtig und bedrohend. Es gibt Tage, an denen ich optimistisch und lebensfroh bin, und andere, an denen ich mittags wieder ins Bett kriechen möchte, weil ich keine Lust mehr auf bedrückende Nachrichten habe.

Es ist wichtig, anzunehmen, dass wir unser Leben nicht immer im Griff haben, sagt der Psychotherapeut Andreas Knauf. Dann sind wir zufriedener. Zudem brauchen wir mehr Akzeptanz und Wertschätzung für das, was wir haben. Mehr Gefühlswahrnehmung, weniger Selbstoptimierung und Erfolgsstreben. Die Welt rast aktuell von einer Krise in die nächste und wir stehen beinahe ohnmächtig daneben und schauen zu. Wie gut und beruhigend ist es dennoch, dass wir einen Gott haben, an den wir uns wenden können.

Dies ist das letzte Kapitel meines Buches, das ich bewusst mit einem Gebet schließen möchte, weil ich die Möglichkeit und das Geschenk habe, auf die Bewältigungsstrategie des spirituellen Rückhalts zurückzugreifen. Wenn du selbst nicht beten möchtest, fühle dich von mir gerne umbetet und gesegnet.

„Gott,
das Leben ist manchmal nicht leicht.
Ich sehne mich nach Frieden und Ruhe
und suche danach bei dir.
Ich wünsche mir eine heile, gesunde Welt,
doch das ist ein utopischer Wunsch.
Bitte steh uns bei, wenn Krisen unser Leben
durcheinanderwirbeln,
wenn wir scheitern.
Steh uns bei, wenn wir versagen und drohen
unterzugehen.
Hilf uns, wenn es sich so anfühlt, als könnten wir
keinen weiteren Schritt mehr gehen.
Gott,
manchmal sind die Krisen nicht unsere eigene
Schuld.
Ich bitte dich, erbarme dich
über die Menschen, die gerade hungern und
frieren.
Die noch weniger Hoffnung haben,
die in Kriegsgebieten weltweit leiden.
Erbarme dich und hilf mir,
die Augen offen zu halten, wo ich helfen kann,
um diese Welt
im Kleinen zu einem besseren Ort zu machen.
Amen.“

Schlusswort

Ich schrieb einmal in einem Interview auf die Frage „Welche Situationen in deinem Leben haben dich als Mensch am stärksten wachsen lassen?“[44] folgende Antwort: „Die tiefen Täler, das Leid, der Schmerz und das Lernen daraus.“[45]

Daher gibt es dieses Buch und meinen Podcast. Ich bin zutiefst davon überzeugt, dass wir vom eigenen Scheitern und vom Schmerz anderer Menschen lernen und dadurch Beziehungen knüpfen können. Durch die Ehrlichkeit und Authentizität des Schmerzzeigens wird Nähe erzeugt, die einzigartig ist.

Und so hoffe ich, dass das Lesen meines Buches dazu beigetragen und dir das Gefühl gegeben hat, nicht allein zu sein.

**Manchmal ist es am wichtigsten,
dass wir etwas versuchen,
auch wenn wir dabei versagen.
Manchmal ist es am wichtigsten,
dass wir mutig sind und uns
verletzlich zeigen.
Manchmal heißt zu gewinnen, dass
wir aus unserer Komfortzone treten.
Wir entscheiden uns gegen
Perfektionismus und wagen es,
zu scheitern.**

Wir werden scheitern,
aber wir entscheiden uns,
uns nicht dafür zu schämen.
Sei mutig und verletzlich,
das ist schon ein großer Gewinn.

Inspiriert von Brené Brown[46]

Platz für eigene Gedanken, Ideen und Notizen

„Alles, wovor du bisher Angst hattest hast du letztendlich geschafft. Die schwierigsten Zeiten haben dich stärker gemacht. Jede Erfahrung, die du trägst gibt dir bald die Möglichkeit einem anderen in derselben Lage Zuspruch und ein Licht zu sein“

Sarah Marie, Auszug aus
„Dat kommt, wie dat kommt“[47]

Empfohlene Literatur, Podcasts und Filme

Amy Guglielmo und Petra Braun (Illustr.): Große Kunstgeschichten. Vincent van Gogh. Dorling Kindersley Verlag GmbH, München 2022.

Anastasia Umrik: Du bist in einer Krise. Herzlichen Glückwunsch. Jetzt wird alles gut! FISCHER Taschenbuch, Frankfurt am Main 2021.

Andreas Bedenbender: Der gescheiterte Messias. Evangelische Verlagsanstalt GmbH, Leipzig 2019.

Anselm Grün: Gescheitert? Deine Chance! Wenn Lebensentwürfe zerbrechen. Vier-Türme-Verlag, Münsterschwarzach 2003.

Brené Brown: Atlas of the Heart. Mapping Meaningful Connection and the Language of Human Experience. Vermilion/Random House, New York 2021.

Brené Brown: The Call to Courage [Dokumentarfilm]. Über Netflix verfügbar unter https://www.netflix.com/de/title/81010166, 2019. Zuletzt aufgerufen am 06.03.2023.

Brené Brown: Verletzlichkeit macht stark. Wie wir unsere Schutzmechanismen aufgeben und innerlich reich werden. Wilhelm Goldmann Verlag in der Penguin Random House Verlagsgruppe GmbH, München 2017.

Charles Pépin: Die Schönheit des Scheiterns. Kleine Philosophie der Niederlage [Hörbuch]. Audible Studios, 2018.

Debora Kuder und Sarina Pfauth: Das hatte ich so nicht bestellt. Wie wir aus Erfahrungen gelernt haben, die wir nie machen wollten. SCM R.Brockhaus in der SCM Verlagsgruppe GmbH, Holzgerlingen 2022.

Elizabeth Day: How to fail. Warum wir erst durch Scheitern richtig stark werden. Wilhelm Goldmann Verlag in der Penguin Random House Verlagsgruppe GmbH, München 2020.

Eva Maria Zurhorst: Liebe dich selbst und es ist egal, wen du heiratest. Wilhelm Goldmann Verlag in der Penguin Random House Verlagsgruppe GmbH, München 2009.

Evi Rodemann: Scheitern erwünscht! Warum uns Krisen als Leitende wachsen lassen. SCM R.Brockhaus in der SCM Verlagsgruppe GmbH, Holzgerlingen 2022.

Gabrielle Balkan und Josy Bloggs (Illustr.): Große Kunstgeschichten. Georgia O'Keeffe. Dorling Kindersley Verlag GmbH, München 2022.

Heinrich Steinfest: Gebrauchsanweisung fürs Scheitern. Piper Verlag GmbH, München 2019.

Henri J. M. Nouwen: Leben hier und jetzt. Jahreslesebuch. Verlag Herder GmbH, Freiburg im Breisgau [4]2000.

Henri J. M. Nouwen: The Wounded Healer. Ministry in Contemporary Society. Doubleday, New York 1972.

Hermann Kügler: Scheitern. Psychologisch-spirituelle Bewältigungsversuche (Ignatianische Impulse). Echter Verlag GmbH, Würzburg 2009.

Julia Dibbern und Nicola Schmidt: wild world. Wie Kinder an der Welt wachsen und Eltern entspannt bleiben. Beltz Verlag in der Verlagsgruppe Beltz, Weinheim/Basel 2019.

Karsten Dusse: Achtsam morden. Ein entschleunigter Kriminalroman (Band 1). Wilhelm Heyne Verlag in der Penguin Random House Verlagsgruppe GmbH, München 2019.

Ken Niestolik: Wenn das Leben dazwischen kommt [Podcast]. Drehschwindel als letzte Ausfahrt, Episode 17 mit Priska Lachmann. Leipzig 2022.

Marc Wallert: Stark durch Krisen. Von der Kunst nicht den Kopf zu verlieren. Econ/Ullstein Buchverlage GmbH, Berlin 2020. Weitere Informationen, auch zu seiner Entführung, unter: www.marcwallert.com. Zuletzt aufgerufen am 24.02.2023.

Maria Fischer und Priska Lachmann: Weil Liebe unbezahlbar ist. Die wahre Geschichte einer Prostituierten auf ihrem Weg zu Gott. Gerth Medien in der SCM Verlagsgruppe GmbH, Aßlar 2022.

Max Lucado: Hör nie auf, neu anzufangen. Warum es immer einen guten Grund zur Hoffnung gibt. Gerth Medien in der SCM Verlagsgruppe GmbH, Aßlar 2022.

Michael Großklaus: Bösewichte der Bibel. Was wir von den Halunken und unvollkommenen Gestalten lernen können. Gerth Medien in der SCM Verlagsgruppe GmbH, Aßlar 2023.

Nadia Bolz-Weber: Unverschämt schamlos. Mein Plädoyer für eine sexuelle Reformation. Joh. Brendow Verlag & Sohn GmbH, Moers 2019.

Priska Lachmann: Mama. Frau. Königstochter. Wertschätzungen für Alltagsheldinnen. Gerth Medien in der SCM Verlagsgruppe GmbH, Aßlar 2020.

Ralf Senftleben: Die Kunst, in schwierigen Zeiten nicht durchzudrehen. Geniale Strategien für mehr Stärke und Gelassenheit im Alltag. Gräfe und Unzer Verlag GmbH, München 2020. Auch als Hörbuch verfügbar.

Rob LaDuca und Robert C. Ramirez: Joseph – König der Träume [Film]. DreamWorks SKG, Vereinigte Staaten 2000.

Sarah Marie: Im großen Ganzen hoffnungsvoll. LAGO Verlag, ein Imprint der Münchner Verlagsgruppe GmbH, München 2023. https://www.lagoverlag.de. All rights reserved. Mit freundlicher Genehmigung des Verlages.

Thomas Sjödin: Beginne jeden Tag wie ein neues Leben. Von der Gewissheit, dass es hell wird. SCM R.Brockhaus in der SCM Verlagsgruppe GmbH, Holzgerlingen 2020.

Tonya Dalton: The Joy of Missing Out. Von der Freiheit, nicht überall dabei sein zu müssen. mvg Verlag, ein Imprint der Münchner Verlagsgruppe GmbH, München 2020.

Valerija Sipos und Ulrich Schweiger: Glauben Sie nicht alles, was Sie denken. Die Anleitung für ein gesundes und glückliches Hirn. Verlag Herder GmbH, Freiburg 2019.

Veronika Smoor: Problemzone Frau. Von einer, die freiwillig zunahm, ihren Glauben befreite und Frieden mit sich selbst schloss. Gerth Medien in der SCM Verlagsgruppe GmbH, Aßlar 2021.

Podcast „ERF Jess – Immer besser *scheitern*“

Anmerkungen

1 Mirko Zwack: Scheitern – oder: mit sich selbst neu anfangen. Vandenhoeck & Ruprecht GmbH & Co. KG, Göttingen 2020, S. 51.

2 Frederick Buechner: Beyond Words. Daily Readings in the ABC's of Faith. Harper One, San Francisco 2004.

3 Elizabeth Day: How to fail. Warum wir erst durch Scheitern richtig stark werden. Wilhelm Goldmann Verlag in der Penguin Random House Verlagsgruppe GmbH, München 2020, S. 26.

4 Priska Lachmann: Mama. Frau. Königstochter. Wertschätzungen für Alltagsheldinnen. Gerth Medien in der SCM Verlagsgruppe GmbH, Aßlar 2020, S. 60.

5 Tijen Onaran auf Instagram, @tijen.onaran.

6 Vgl. Stefanie Schramm und Claudia Wüstenhagen: Die Kunst des Scheiterns. 05.08.2013. Online verfügbar unter: www.zeit.de/zeit-wissen/2013/04/kunst-scheitern-fehler-machen, zuletzt aufgerufen am 23.02.2023.

7 Carolin Hillner: Frauen unter Druck: Konkurrenzkampf mit Kinderwagen [Dokumentation]. MDR Religion & Gesellschaft, 2021. Online verfügbar unter: www.mdr.de/religion/konkurrenzkampf-unter-muettern-mommywars-frauentag-100.html, zuletzt aufgerufen am 06.03.2023.

8 Veronika Smoor: Problemzone Frau. Von einer, die freiwillig zunahm, ihren Glauben befreite und Frieden mit sich selbst schloss. Gerth Medien in der SCM Verlagsgruppe GmbH, Aßlar 2021, S. 19, 22.

9 Marcel Schuy: Selbstvertrauen, Selbstbewusstsein oder das Selbstwertgefühl stärken – was denn nun? 09.2022. Online

verfügbar unter: https://clevermemo.com/blog/selbstvertrauen-selbstbewusstsein-selbstwertgefuehl-staerken/, zuletzt aufgerufen am 06.03.2023.

10 Priska Lachmann: Immer besser scheitern [Podcast]. Scheitern als Ehepaar, Episode 6 mit Josephine Teske. ERF Jess, April 2022.

11 Vgl. Marco von Münchhausen: Der kleine Krisenguide. Wie Sie Krisenzeiten besser meistern. GABAL Verlag GmbH, Offenbach 2020.

12 Priska Lachmann: Schätze finden in Schwierigkeiten. In: Family 1/22, SCM Bundesverlag, S. 36f.

13 Marc Wallert: Stark durch Krisen. Von der Kunst nicht den Kopf zu verlieren. Econ/Ullstein Buchverlage GmbH, Berlin 2020. Weitere Informationen, auch zu seiner Entführung, unter: www.marcwallert.com, zuletzt aufgerufen am 24.02.2023.

14 Vgl. (Autor unbekannt): „Expertin für Neuanfänge" verrät: Wo du in einer Krise Zuversicht und Hoffnung finden kannst. 30.01.2022. Online verfügbar unter: www.brigitte.de/liebe/persoenlichkeit/-expertin-fuer-neuanfaenge---wie-du-in-einer-krise-zuversicht-und-hoffnung-finden-kannst-13137310.html, zuletzt aufgerufen am 06.03.2023.

15 Albert Camus: Heimkehr nach Tipasa (original: *L'Été)*. Verlag der Arche, Zürich 1957.

16 Vgl. Nils Warkentin: Reue zeigen: Was bereuen Sie wirklich? 12.03.2021. Online verfügbar unter: www.karrierebibel.de/reue, zuletzt aufgerufen am 24.02.2023.

17 Vgl. Thomas Sjödin: Beginne jeden Tag wie ein neues Leben. Von der Gewissheit, dass es hell wird. SCM R.Brockhaus in der SCM Verlagsgruppe GmbH, Holzgerlingen 2020.

18 Priska Lachmann: Raus aus der sozialen Phobie. In: Dran 06/22, SCM Bundesverlag, S. 21-24.

19 Ebd.

20 Beverly Engel: Healing your shame and guilt through self-forgiveness. 01.06.2017. Online verfügbar unter: www.psychologytoday.com/us/blog/the-compassion-chronicles/201706/healing-your-shame-and-guilt-through-self-forgiveness, zuletzt aufgerufen am 06.03.2023.

21 Priska Lachmann: Immer besser scheitern [Podcast]. Selbstvergebung im Versagen, Episode 5 mit Sina Schröder. ERF Jess, April 2022.
22 Eva Maria Zurhorst: Liebe dich selbst und es ist egal, wen du heiratest. Wilhelm Goldmann Verlag in der Penguin Random House Verlagsgruppe GmbH, München 2009, S. 296.
23 Karsten Dusse: Achtsam morden. Ein entschleunigter Kriminalroman (Band 1). Wilhelm Heyne Verlag in der Penguin Random House Verlagsgruppe GmbH, München 2019, S. 254, 257.
24 Ken Niestolik: Wenn das Leben dazwischen kommt [Podcast]. Drehschwindel als letzte Ausfahrt, Episode 17 mit Priska Lachmann. Leipzig 2022.
25 Augusten Burroughs: Magical Thinking. True Stories. Macmillan, New York 2004.
26 Brené Brown: The Call to Courage [Dokumentarfilm]. Über Netflix verfügbar unter https://www.netflix.com/de/title/81010166, 2019. Zuletzt aufgerufen am 06.03.2023.
27 Brené Brown: Listening to shame [Video]. TED Talks, 2012. Online verfügbar unter: https://www.ted.com/talks/brene_brown_listening_to_shame/no-comments, zuletzt aufgerufen am 07.03.2023.
28 Vgl. Brené Brown: Verletzlichkeit macht stark: Wie wir unsere Schutzmechanismen aufgeben und innerlich reich werden. Wilhelm Goldmann Verlag in der Penguin Random House Verlagsgruppe GmbH, München 2017, S. 78.
29 Elizabeth Day: How to fail. Warum wir erst durch Scheitern richtig stark werden. Wilhelm Goldmann Verlag in der Penguin Random House Verlagsgruppe GmbH, München 2020, S. 218.
30 Andreas Bedenbender: Der gescheiterte Messias. Evangelische Verlagsanstalt GmbH, Leipzig 2019, S. 24.
31 Hermann Kügler: Scheitern. Psychologisch-spirituelle Bewältigungsversuche (Ignatianische Impulse). Echter Verlag GmbH, Würzburg 2009, S. 49.
32 Maria Fischer und Priska Lachmann: Weil Liebe unbezahlbar ist. Die wahre Geschichte einer Prostituierten auf ihrem Weg zu Gott. Gerth Medien in der SCM Verlagsgruppe GmbH, Aßlar 2022.

33 Debora Kuder und Sarina Pfauth: Das hatte ich so nicht bestellt. Wie wir aus Erfahrungen gelernt haben, die wir nie machen wollten. SCM R.Brockhaus in der SCM Verlagsgruppe GmbH, Holzgerlingen 2022, S. 175.
34 Maike Schöfer auf Instagram, @ja.und.amen.
35 Pete Docter und Ronaldo del Carmen: Alles steht Kopf [Film]. Walt Disney Pictures und Pixar Animation Studios, Vereinigte Staaten 2015.
36 Charles Pépin: Die Schönheit des Scheiterns. Kleine Philosophie der Niederlage [Hörbuch]. Audible Studios, 2018.
37 Ebd.
38 Gabrielle Balkan und Josy Bloggs (Illustr.): Große Kunstgeschichten. Georgia O'Keeffe. Dorling Kindersley Verlag GmbH, München 2022.
39 Haruki Murakami: Kafka am Strand. btb Verlag in der Verlagsgruppe Random House GmbH, München 2006.
40 Henri J. M. Nouwen: Leben hier und jetzt. Jahreslesebuch. Verlag Herder GmbH, Freiburg im Breisgau [4]2000, S. 15.
41 Nadia Bolz-Weber: Unverschämt schamlos. Mein Plädoyer für eine sexuelle Reformation. Joh. Brendow Verlag & Sohn GmbH, Moers 2019, S. 237.
42 Margaret Fishback Powers: Footprints in the Sand. © 1964. Deutsche Fassung übersetzt von Eva-Maria Busch: Spuren im Sand. Brunnen Verlag, Gießen © 1996.
43 Anne-Ev Ustorf: Das Steinchen im Schuh. Erschienen in: Psychologie Heute Compact 70: Was in schweren Zeiten hilft. Verlagsgruppe Beltz, 2022, S. 6-11.
44 Lia Hutzfeldt: Priska Lachmann – Pastorin, Buchautorin, & Mama Bloggerin – Was hat dir den Mut gegeben deinen eigenen Weg zu gehen? 2022. Online verfügbar unter: https://silberundherz.de/priska-lachmann/, zuletzt aufgerufen am 03.03.2023.
45 Ebd.
46 Brené Brown: The Call to Courage [Dokumentarfilm]. Über Netflix verfügbar unter https://www.netflix.com/de/title/81010166, 2019. Zuletzt aufgerufen am 06.03.2023.

47 Sarah Marie: Dat kommt, wie dat kommt. In: Sarah Marie: Im großen Ganzen hoffnungsvoll. LAGO Verlag, ein Imprint der Münchner Verlagsgruppe GmbH, München 2023. https://www.lagoverlag.de.
Mit freundlicher Genehmigung des Verlages, S. 192.

MIX
Papier | Fördert gute Waldnutzung
FSC® C018236

1. Auflage 2023
Bestell-Nr. 817904
ISBN 978-3-95734-904-0

Umschlaggestaltung: Andreas Sonnhüter • grafikbuero-sonnhueter.de
Lektorat: Désirée Wiktorski, Ellen Fritsche
Satz: Uhl + Massopust, Aalen
Druck und Verarbeitung: Dimograf

Printed in Poland

www.gerth.de